السلالة الأجدادية

التاج الأسود

جدول المحتويات

المقدمة

حق الولادة في الترجمة

كانت أناشيد طفولتي أكثر من مجرد ألحان — بل كانت سيمفونية من الألوان، عرضًا ضوئيًا إلهيًا لا أستطيع رؤيته إلا أنا وحدي. كانت نوافذ الكنيسة الزجاجية الملونة، المغمورة بالضوء، باهتة بالمقارنة مع الألوان النابضة التي كانت تملأ رؤيتي أثناء القداس. كل نغمة يعزفها الأورغ كانت تنفجر في طيف من الألوان، تدور من حولي في رقصة لا يستطيع أحد غيري إدراكها. هذه الظاهرة، التي عُرفت لاحقًا باسم "السينستيزيا الدينية"، حيث تتحول الأصوات إلى صور، كانت بركة ولعنة في آنٍ واحد. لقد كانت ارتباطًا حميميًا بالإلهي، كشفًا شخصيًا يميزني ولكنه يعزلني أيضًا عن الآخرين.

كلما تعمقت في هذا الكتاب، رأيت المزيد من أوجه التشابه بين تجاربي الشخصية والطقوس القديمة الموصوفة في صفحاته. كان شعب Bamilékés (باميليك)، مثل العديد من الثقافات الإفريقية، يحافظون على تقديس عميق لأسلافهم — تقديس ليس رمزيًا فحسب، بل متجذر في صميم حياتهم اليومية. كانوا يؤمنون بإله أسمى يُدعى NSI (نسي)، وكانت ممارساتهم الروحية محفوظة من قِبل مجتمعات سرية تحمي أسرار الكون. هذه المجتمعات، تمامًا مثل تجاربي السينستيزية في طفولتي، كانت غامضة ومقدسة ومرتبطة ارتباطًا وثيقًا بالإلهي.

ولكن القصة التي تركت فيَّ أعمق أثر هي قصة حجر شاباكا، وهو أثر من السلالة الخامسة والعشرين لمصر، نُقِش من قِبل الملك النوبي شاباكا (Shabaka - شاباكا). هذا الحجر، الذي يحكي كيف خلق الإله بتاح (Ptah - بتاح) العالم بالكلمات، أصبح بالنسبة لي رمزًا — تمثيلًا لقوة الحفظ والاستعادة. كما سعى شاباكا إلى الحفاظ على حكمة شعبه القديمة من خلال نقشها في الحجر، شعرت أنا أيضًا بالحاجة إلى استعادة وحفظ معارف أجدادي من خلال فعل الترجمة.

ومع ذلك، أثناء عملي على هذه الترجمة، لم أستطع تجاهل ظل المسيحية

الذي كان يخيّم على عملي. الكنيسة، التي كانت ملاذًا لوالديّ، لعبت أيضًا دورًا في طمس الممارسات الثقافية والروحية لأجدادي. في الكاميرون، نصّبت الكنيسة نفسها سلطةً روحية وسياسية، غالبًا على حساب السكان الذين ادّعت أنها تخدمهم. وبينما كانت تعظ بالخلاص، مارست نفوذًا كبيرًا على الشعب، فكانت تجمع العشور والتبرعات دون أن تدفع ضرائب أو تُحاسب. وقد مكّنها هذا النفوذ المالي من الهيمنة على المشهد، فبنت المدارس والمستشفيات والكنائس، بينما أُهملت الممارسات التقليدية وتُركت للنسيان.

إن المبشرين الذين أدخلوا المسيحية إلى الكاميرون فعلوا ذلك بحماس شديد، مقتنعين أنهم ينقذون الأرواح. لكن دوافعهم لم تكن روحية محضة؛ بل كانت جيوسياسية أيضًا. فمن خلال تحويل السكان المحليين إلى المسيحية، عززت الكنيسة نفوذها على منطقة غنية بالموارد وبالغة الأهمية من الناحية الاستراتيجية. كان القضاء على عبادة الأسلاف جزءًا من هذه الاستراتيجية — طريقة لتقويض هياكل السلطة التقليدية التي حكمت هذه المجتمعات لقرون. وفي هذا السياق، لم تكن ملاحقة عبادة الأسلاف من قِبل الكنيسة مجرد مسألة عقيدة دينية، بل كانت جهدًا متعمدًا لإعادة تشكيل المشهد الثقافي بما يخدم مصالحها الخاصة.

بينما واصلتُ ترجمتي، وجدتُ نفسي أتصارع مع هذه السرديات المتناقضة. فمن ناحية، ورثتُ إيمانًا منح أسرتي القوة والأمل في مواجهة المحن. ومن ناحية أخرى، كنت أكتشف تاريخًا تم محوه بشكل منهجي من قِبل هذا الإيمان نفسه. إن الطقوس والمعتقدات التي وصفها واتيو (Watio - واتيو) في أطروحته لم تكن مجرد بقايا من عصر مضى — بل كانت شهادة على صمود وعبقرية شعب استطاع أن ينجو من قرون من الاستعمار والقمع الثقافي.

كلما تقدمتُ في الترجمة، ازددتُ فهمًا لأهمية هذا العمل. لم يكن الأمر مجرد الحفاظ على الماضي؛ بل كان استعادةً لجزء مني قد فُقد في عملية الاستيعاب. الألوان السينستيزية التي شعرتُ في السابق بأنها عبء أصبحت الآن مرشدًا لي، يقودني عبر متاهة النص ويساعدني على رؤية الروابط بين الممارسات القديمة لأسلافي وبين الإيمان الذي شكّل حياتي.

هذا الكتاب هو ثمرة تلك الرحلة — شهادة على القوة الدائمة للكلمات والطرق التي يمكن من خلالها أن تُجسّر الفجوة بين العوالم — بين الماضي

والحاضر، بين المقدّس والدنيوي. إنه هدية لعائلتي، طريقة للحفاظ على تاريخنا للأجيال القادمة. ولكنه أيضًا هدية لنفسي — وسيلة لفهم الألوان والأضواء التي شكّلت عالمي منذ طفولتي، وطريقة للتوفيق بين الإيمان المسيحي الذي نشأت عليه وبين التقاليد القديمة لأسلافي.

وأنت تقلب صفحات هذا الكتاب، أدعوك للاستماع بعناية، لسماع أصوات الماضي، والانضمام إليّ في هذه الرحلة من الاكتشاف والارتباط. معًا، سنكشف غموض الماضي، ونرمّم الكتابات التالفة للأقدمين، ونحفظ حكمة أسلافنا للأجيال القادمة.**

الخلفية التاريخية: أصداء النيل

يتتبع شعب باميليكِه، المعروف بفخره وصلابته، أصوله إلى الأراضي القديمة الواقعة على ضفاف النيل، في ما يُعرف الآن بالسودان. تسرد التقاليد الشفوية، التي تناقلتها الأجيال، رحلتهم التي نقلتهم من مهد الحضارة على طول النيل إلى مرتفعات الكاميرون الغربية. تدعم هذه الهجرة، التي وقعت على مراحل على مدى قرون، قصصهم الشفوية بأدلة أثرية ودراسات جينية، حيث تتبع شعب باميليكِه مسارًا قادهم من منطقة بحيرة تشاد مرورًا بوادي النيل إلى وطنهم الحالي.

وفقًا لأبحاث "D. Toukam"، يرجع أصل شعب باميليكِه على الأرجح إلى جماعة بلدي المصرية، التي ازدهرت في المنطقة الخصبة حول النيل. في القرن التاسع الميلادي، بدأت هذه الجماعة الهجرة جنوبًا، ربما بسبب تغيرات بيئية، صراعات، أو البحث عن بداية جديدة. قادتهم هذه الرحلة إلى ممالك إفريقيا الوسطى مثل "Kanem" و"Wadai"، حيث استقروا لعدة قرون قبل مواصلة هجرتهم إلى منطقة "Tikar"[4] في القرن الثاني عشر. هناك، وسط التلال الخصبة في ما يُعرف الآن بالكاميرون، بدأوا بتشكيل هوية جديدة مع الاحتفاظ ببصمات إرثهم المصري.

تحكي العلامات الجينية في سكان منطقة "Grassfields" الحديثة قصة هذه الرحلة، حيث تكشف عن مكون مصري دخل الكاميرون خلال الفترة الإسلامية. هذه الروابط الجينية، مثل الأنهار التي تبعوها، تربط شعب باميليكِه بالحضارات القديمة على ضفاف النيل، مما ينسج صلة بين حاضرهم وماضٍ بعيد مليء بالقصص.

تاريخ منطقة "Grassfields" الأوسع، التي تشمل شعب باميليكِه، هو نسيج معقد يجمع بين الوحدة والتجزئة. في وقت ما، كان سكان هذه المنطقة موحدين تحت لغة واحدة وزعيم واحد، وهي فترة من التماسك انتهت فجأة حوالي عام 1357 بوفاة آخر زعيم موحد لهم، الملك "Ndéh". أدت وفاته إلى تشتت الشعب الموحد إلى مجموعات أصغر وأكثر تميزًا. اختار "Yendé"، الأمير الأكبر، عبور نهر "Noun" لتأسيس "Bafoussam"، التي أصبحت مركزًا لشعب باميليكِه. أما شقيقته، فتوجهت إلى منطقة "Banso"، بينما نزل "Ncharé"، الأصغر سنًا، إلى سهل "Noun" لتأسيس مملكة "Bamoun".

من "Bafoussam" والمستوطنات الأخرى، ظهرت المجموعات الرئيسية لشعب باميليكِه، حيث طور كل منها هويته الخاصة مع الاحتفاظ بروابط روحية وثقافية عميقة مع تراثهم المشترك.

تشير الدراسات الجينية التي ترسم نسب شعب باميليكِه إلى أن تأثيرهم يمتد إلى ما وراء حدود الكاميرون. تُظهر التباينات الجينية وجودهم عبر وسط وجنوب وشرق إفريقيا، مما يدل على الانتشار الواسع لأسلافهم. ومع ذلك، توضح هذه الدراسات أن شعب باميليكِه ليس مرجعًا مناسبًا لاختبار الفرضيات المتعلقة بتدفق الجينات الذكري خلال توسع البانتو. فلا تعود أصولهم إلى هجرات البانتو، بل إلى تاريخ أقدم وأكثر تعقيدًا يرتبط بالأصول السودانية، التي تفاعلت مع الثقافة البانتوية فقط بعد وصولهم إلى الكاميرون.

الجذور الجغرافية: وطن "Ngyemba"

يسكن شعب "Ngyemba"، الذي يُركز عليه هذا البحث، منطقة تتميز بجمالها وتحدياتها، وتقع في المقاطعتين الغربية والشمالية الغربية من الكاميرون. وتتركز مجتمعاتهم في مناطق Batcham وBansoa (Balessing) وMbouda في المقاطعة الغربية، بالإضافة إلى منطقة Bamenda في المقاطعة الشمالية الغربية. تتوافق هذه المناطق مع أقسام Mezam وMenoua وBamboutos، حيث يعيش ما يقرب من 260,000 شخص من "Ngyemba" في الوديان والجبال، ويتشكل نمط حياتهم حول إيقاعات الطبيعة.

يُعد شعب "Ngyemba" فرعًا من قبيلة "Tikar" ومجموعة "نصف البانتو" في الكاميرون، وينظمون مجتمعهم في "ممالك" صغيرة، يرأس كل منها زعيم يُعرف بـ Fuo أو Fon، وهو ملك يعمل ليس فقط كقائد سياسي بل أيضًا كمرشد روحي. يعتمد اقتصادهم بشكل كبير على الزراعة، حيث يُعتبر البن العربي محصولًا رئيسيًا للتصدير. إلى جانب الزراعة، توفر تربية الماشية على نطاق صغير الاستقرار الغذائي والاقتصادي. يُعرف "Ngyemba" بمهاراتهم التجارية الحاذقة، مما أكسبهم سمعة تجارية مرموقة على المستويين المحلي والوطني.

تعكس بنية مجتمع "Ngyemba" احترامهم العميق للتقاليد والسلطة. يحكم الملك بدعم من الوزراء والكهنة وقوة شرطية وخدم، ما يضمن توازنًا يحافظ على استقرار واستمرارية المجتمع. هذا النظام الهرمي ليس مجرد توزيع للسلطة، بل هو وسيلة للحفاظ على العادات والمعتقدات التي تُعرّف "Ngyemba" منذ أجيال.

يتحدث شعب الباميليكي في الكاميرون عدة لغات تنتمي إلى عائلة لغات "البانتو"، وهي متقاربة ولكنها متميزة عن بعضها البعض. تختلف أعداد اللغات المستخدمة، ولكن يمكن تقسيمها إلى لهجات أو لغات رئيسية، أبرزها:

● **Yemba** (يتحدث بها سكان منطقة Dschang)

● **'Fe'fe** (تُستخدم في منطقة Upper Nkam، خاصة حول Bafang).

● **Medumba** (شائعة في منطقة Ndé، خاصة في Bangangté).

● **Ghomala'** (تُستخدم حول Bafoussam والمناطق المجاورة).

● **Ngiembccn** (يتحدث بها سكان مناطق وقرى معينة داخل أراضي الباميليكي).

بالإضافة إلى هذه اللغات، هناك لهجات أخرى يتحدث بها مجموعات فرعية أصغر من الباميليكي، وقد تختلف قليلاً عن بعضها البعض. معظم أفراد شعب الباميليكي يتحدثون أيضًا اللغة الإنجليزية الكاميرونية المبسطة (Pidgin English) أو الفرنسية أو كليهما، حيث إنهما اللغتان الرسميتان في الكاميرون وتُستخدمان على نطاق واسع في المدارس والحكومة والأعمال. يُمكن هذا التعدد اللغوي شعب الباميليكي من التنقل بين لغاتهم الأصلية وأنظمة التواصل الوطنية.

تُعد لغتا Yemba وNgiembccn، على وجه الخصوص، اللغتين اللتين يتحدث بهما أفراد عائلة المؤلف، وتلعبان دورًا كبيرًا في تشكيل عملياتهم الفكرية، وهويتهم الثقافية، ورؤيتهم للعالم، حيث تقدمان طرقًا فريدة للتفكير تختلف عن تلك الموجودة في اللغتين الفرنسية والإنجليزية.

الاختلافات الرئيسية بين لغات Ngiembccn/Yemba والفرنسية/الإنجليزية تكمن الاختلافات بين Ngiembccn/Yemba

والفرنسية/الإنجليزية في هياكلها، ورؤاها للعالم، ونهجها تجاه الزمن والمكان والبيئة. فبينما تعكس لغتا Ngiembccn وYemba التقاليد الثقافية لشعب الباميليكي، وتؤكد على فهم دوري وروحي وعلاقاتي للعالم يعكس الحياة الجماعية واستمرارية الأجداد، تُعطي الفرنسية والإنجليزية الأولوية غالبًا لمنظورات خطية وفردية وعلمية، متأثرة بالتصنيع والتاريخ الاستعماري.

نسيج روحي: الممارسات المقدسة لشعب باميليكِي

في جوهر ثقافة "باميليكِي" يكمن نظام روحي معقد للغاية، نظام يوحد المجتمع من خلال إيمان مشترك بما هو إلهي. يعبد شعب "باميليكِي" كيانًا إلهيًا أعلى يُعرف باسم "NSI"، لكن حياتهم الروحية تتجاوز هذا الكيان المركزي بكثير. تشمل منظومتهم الدينية ممارسات التلقين، والتأملات، والطقوس التي تربط الأحياء بأرواح الأسلاف والقوى التي تحكم العالم الطبيعي.

تتوازن سلطة كل "Fuo" أو "Fon" مع العديد من الجمعيات السرية التي تلعب دورًا حاسمًا في الحفاظ على روح المجتمع. تعمل هذه الجمعيات، سواء كانت دينية أو اقتصادية، في الظل، وتُحيط أنشطتها بالسرية والتبجيل. تجتمع هذه الجمعيات في أوقات محددة، ملتزمةً بتسلسل هرمي صارم، حيث تُكرَّس كل جمعية لمهمة معينة. تُعد هذه الجمعيات حراسًا لثقافة "باميليكِي"، تحمي الطقوس والمعارف التي تم توارثها عبر القرون.

من بين أكثر هذه الجمعيات السرية أهمية:

"Pagouop": حاملو جلد النمر، رمز السلطة والحماية.

"Medjoung": محاربون يدافعون عن المجتمع، ويجسدون قيم الشجاعة والشرف.

"Kougang": حراس العادات والتقاليد، الذين يضمنون بقاء التراث الثقافي لشعب "باميليكِي" سليماً وينقلونه إلى الأجيال القادمة.

يُمنح الوصول إلى هذه الجمعيات من خلال طقوس التلقين، وهي طقس عبور يُميز دخول الشخص إلى أعمق أسرار حياة "باميليكِي". هذه العادات

والتقاليد ليست مجرد ممارسات؛ بل هي جوهر الهوية، مصدر فخر وعلامة تميز.

في العديد من المجتمعات الأفريقية، لا يُعتبر الأسلاف مجرد ذكريات؛ بل يُعدّون أعضاء نشطين في المجتمع، يعيشون جنبًا إلى جنب مع الأحياء ويواصلون التأثير على مجرى الأحداث. لا يختلف شعب "باميليكِي" عن ذلك. يحظى الأسلاف بمكانة تكريم، وحضورهم يُشعر به في كل لحظة مهمة من الحياة، من الميلاد إلى الزواج، ومن المرض إلى الموت. بالنسبة لشعب "باميليكِي"، لا تُعبد الأسلاف كما يُعبد الإله؛ بل يُبجَّلون كجزء من الحياة المستمرة للمجتمع. هذا التبجيل ليس مجرد تقليد، بل هو جزء ضروري للحفاظ على التوازن بين الماضي والحاضر.

التوتر بين الإيمان والتقاليد

أدى إدخال المسيحية إلى الكاميرون إلى جلب مجموعة جديدة من المعتقدات والممارسات التي غالباً ما تتعارض مع التقاليد الراسخة لدى شعب "باميليكِي". كانت الكنيسة، مدفوعة بمهمتها في إنقاذ الأرواح، ترى عبادة الأسلاف كوثنية، وهي ممارسة يجب القضاء عليها من أجل حدوث التحول الحقيقي. كان هذا الرأي مستندًا ليس فقط إلى العقيدة الدينية ولكن أيضًا إلى الأهداف الجيوسياسية للكنيسة، التي سعت إلى توطيد نفوذها على منطقة غنية بالموارد والأهمية الاستراتيجية.

واجهت جهود الكنيسة لقمع عبادة الأسلاف مقاومة من "باميليكِي"، الذين رأوا أن هذه الممارسات جزء لا يتجزأ من هويتهم. كانت تعاليم الكنيسة، وأسرارها، وهياكلها غالبًا ما تبدو جوفاء لأولئك الذين طُلب منهم التخلي عن عادات أسلافهم لصالح إيمان جديد. بالنسبة للكثيرين، كانت رسالة الكنيسة تعني الاستبعاد بدلاً من الشمول، وكان الطلب هو قطع الروابط مع الماضي بدلاً من إيجاد طريقة لدمجها في إطار روحي جديد.

من ناحية أخرى، أظهر الأساقفة الزائيريون شجاعة وجرأة في معالجة هذه القضية، داعين إلى نهج أكثر شمولاً يعترف بأهمية عبادة الأسلاف في السياق الأفريقي. ومع ذلك، بقي الأساقفة الكاميرونيون صامتين إلى حد كبير، متبنين ما وصفه البعض بـ"سياسة النعام"، مدفنين رؤوسهم في الرمال بدلاً من مواجهة القضية بشكل مباشر.

لكن هذا الصمت لا يعكس عدم الوعي. فبغض النظر عن صمتهم، فإن الأساقفة يدركون تمامًا التوترات التي توجد بين تعاليم الكنيسة والممارسات التقليدية لمجتمعاتهم. ومع ذلك، فإن الخوف من التوبيخ من روما أو الرفض من أقرانهم منع العديد منهم من اتخاذ موقف. بين المؤمنين، الآراء منقسمة. المسيحيون الأكبر سنًا، الذين يلتزمون بذاكرة المبشرين الأوائل، يرفضون عبادة الأسلاف باعتبارها غير متوافقة مع إيمانهم. لكن غالبية المجتمع وجدت طرقًا للتوفيق بين الاثنين، حيث يحضرون القداس بينما يستمرون في تكريم أسلافهم بشكل خاص.

بالنسبة للكثيرين، فإن هذه الازدواجية ليست خيارًا بل ضرورة. ففي لحظات الأزمة—سواء كانت مرضًا، أو حوادث، أو وفاة—لا يزال العديد من

المسيحيين يلجؤون إلى العرافين التقليديين بحثًا عن "الإرشاد من الأسلاف". هذه الاستمرارية السرية للممارسات التقليدية تعكس الصلة العميقة التي يحتفظ بها "باميليكِي" بماضيهم، وهي صلة لم تتمكن تعاليم الكنيسة من قطعها.

أما الجيل الأصغر، الذي يشكل حوالي نصف سكان الكاميرون، فإنه يقدم تحديًا مختلفًا. بالنسبة للكثيرين، فإن الاتصال بالأسلاف ليس قويًا كما كان في الماضي. فقد اختفت الطقوس التقليدية في بعض الجماعات العرقية، ومعها الروابط الروحية العميقة التي كانت تعرف حياة "باميليكِي". البعض قد رفض تمامًا هذه الممارسات، معتبرين إياها قديمة في عالم سريع الحداثة.

ومع ذلك، بالنسبة لأولئك الذين لا يزالون مرتبطين بتقاليدهم الأصلية، فإن التوتر بين الإيمان والتقاليد يعد مصدرًا مستمرًا من الصراع. فحظر الكنيسة لعبادة الأسلاف يمثل العقبة الرئيسية التي تمنع العديد من الناس من التمسك بالمسيحية بشكل كامل. بالنسبة لأولئك الذين يرفضون تعاليم الكنيسة، السبب واضح: لا يمكنهم التخلي عن الأسلاف الذين يعتبرون جزءًا لا يتجزأ من حياتهم اليومية.

نشأة فهم جديد

**"أدى هذا التاريخ المعقد والمؤلم في كثير من الأحيان إلى أن يكتب Dieudonné Watio، أحد كبار رجال الدين الكاثوليك الكاميرونيين، عن عبادة الأجداد من منظور التصالح بدلاً من الرفض. وُلد Watio في Mbouda (Balatchi) وكرّس حياته لخدمة الكنيسة، وقد أدرك الحاجة إلى نهج ثقافي حساس في عملية التبشير في إفريقيا. يُقدم عمله، "The Cult of Ancestors among the Ngyemba, West Cameroon, and its Pastoral Implications" (عبادة الأجداد لدى شعب Ngyemba في غرب الكاميرون وتداعياتها الرعوية), استكشافًا عميقًا للتبجيل الأجدادي وأهميته داخل مجتمع Bamiléké (باميليكي).

تُبرز أطروحة Watio أوجه التشابه بين عبادة الأجداد والممارسة الكاثوليكية المتمثلة في تبجيل القديسين. فكلا الممارستين تتضمنان تكريم أولئك الذين سبقونا، وطلب شفاعتهم وإرشادهم في الحاضر. بالنسبة لـ Watio، لم يكن رفض الكنيسة لعبادة الأجداد مسألة ضرورة لاهوتية، بل نتيجة لجهل المبشرين الأوائل بالعادات والتقاليد المحلية.

ومن خلال فهم أفضل لهذه العادات والتقاليد، يجادل Watio بأنه سيصبح من الأسهل غرس إنجيل المسيح داخل الواقع الثقافي للشعوب. هذا النهج، الذي يُؤكد تجسد الإيمان داخل ثقافة بعينها، يُقدّم مسارًا مستقبليًا يكرّم الماضي والحاضر معًا، ويخلق إيمانًا مُتجذرًا حقًا في التجربة المعيشية للشعوب.

ككاهن شاب، واجه Watio التحديات التي أثارها المعلمون الدينيون الذين عمل معهم، حيث عانى الكثير منهم من التوتر بين المسيحية والتقاليد الأجدادية. ومن خلال الاستبيانات والتأمل الشخصي، أدرك أن الحظر المفروض على عبادة الأجداد كان قائمًا على سوء الفهم والتحيز بدلاً من وجود تعارض حقيقي مع العقيدة المسيحية. لا يزال عمله حجر الزاوية بالنسبة لأولئك الذين يسعون إلى سد الفجوة بين المعتقدات التقليدية الإفريقية والممارسات المسيحية، حيث يقدم رؤيةً للإيمان تكون متجذرة بعمق ومفتوحة على تعقيدات العالم الحديث.

إلا أنني أرى الأمور من منظور مختلف، إذ كان لي امتياز أن وُلدت ونشأت في المجتمع الغربي. غالبًا ما تُبسط التصورات الغربية أو تسيء فهم المفاهيم الثقافية الإفريقية، مما يؤدي إلى إساءة تفسير أهميتها. فالاستيعاب الغربي، لا سيما من خلال وسائل الإعلام والتعليم والمعايير المجتمعية، يُحاكي بطرقٍ عديدة عناصر التبجيل الأجدادي الموجودة في العديد من المجتمعات الإفريقية، لكنه يُعترف به بشكل أقل صراحةً. وقد شكلت هذه العملية تصورات الغربيين، مما دفعهم إلى النظر إلى المجتمعات الإفريقية، وثقافاتها، وتقاليدها—مثل عبادة الأجداد—على أنها "بدائية" أو "متخلفة"، بينما يفشلون في إدراك أن أنماطًا مماثلة موجودة في ثقافتهم. إليك كيف يحدث هذا التقليد، وكيف غيّرت وسائل الإعلام والدعاية الغربية التصورات حول المجتمعات الإفريقية، وأين يمكن إدراج هذه النقاط في فصول كتابك:

في المجتمعات الإفريقية، ينطوي التبجيل الأجدادي على تكريم حكمة وقيم وإرث الأجداد الذين يُعتقد أنهم ما زالوا حاضرين داخل المجتمع. هذا التبجيل يوجه الممارسات الثقافية، وصنع القرار، والحياة الروحية. ورغم أن المجتمعات الغربية لا تبجل الأجداد بمثل هذه الطرق الصريحة، إلا أن شكلًا مشابهًا من الاحترام موجود بطرق أكثر خفية، خاصةً من خلال الاستيعاب الثقافي عبر التعليم، والسرديات التاريخية، ووسائل الإعلام.

ففي المجتمعات الغربية، كثيرًا ما يُبجل الشخصيات التاريخية—مثل Founding Fathers (الآباء المؤسسين)، الأبطال الوطنيين، والقادة السياسيين—من خلال النُصب التذكارية، والأعياد الوطنية، والمناهج

الدراسية. هؤلاء الأشخاص يُعاملون معاملة مشابهة للأجداد في المجتمعات الإفريقية، حيث تظل قيمهم وقراراتهم تُشكّل المعايير الحالية للسلوك والحوكمة. وكما تمرر التقاليد الشفوية الحكمة الأجدادية في المجتمعات الإفريقية، تُعد وسائل الإعلام الغربية أداة قوية لنشر الشخصيات الثقافية الموقرة، والأيديولوجيات، والقصص التي تُعزز المعايير الاجتماعية.

تقوم الحكومات، والمؤسسات، والكيانات الاقتصادية بنشر أيديولوجيات معينة، تمامًا مثلما يُشكّل الأجداد المشهد الأخلاقي والاجتماعي في الثقافات الإفريقية. من خلال أنظمة التعليم والروايات الإعلامية، يتعلم الغربيون بشكل خفي تبجيل أيديولوجيات معينة ورفض غيرها، مقلدين الطريقة التي تُكرم بها المجتمعات الإفريقية تعاليم أجدادها.

لقد قامت وسائل الإعلام والدعاية الغربية بشكل مستمر بتشكيل كيفية تصوير المجتمعات الإفريقية، من خلال تقديمها على أنها "غريبة"، "متخلفة"، أو "بدائية"، خاصةً فيما يتعلق بالجوانب الروحية، والطقوس، وعبادة الأجداد. هذا التصوير المشوه يعمل على رفع المعايير الثقافية الغربية باعتبارها متفوقة، بينما يخفي في الوقت ذاته حقيقة أن الغربيين ينخرطون في ممارسات مماثلة—مثل تبجيل الشخصيات التاريخية وإقامة الطقوس—وإن كان ذلك بطرق مُعلمنة.

غالبًا ما تُقدم وسائل الإعلام الغربية الممارسات الروحية الإفريقية بطريقة مثيرة، مع التركيز على الجوانب التي تبدو "غريبة" أو "غير مألوفة"، دون وضعها في سياقاتها الثقافية الأوسع. يُعزز هذا التصوير فكرة أن المجتمعات الإفريقية "متأخرة" في تطورها. وفي حين تنتقد وسائل الإعلام الطقوس الإفريقية أو ترفضها بسرعة، فإنها غالبًا ما تُبجل الاحتفالات الغربية والطقوس الوطنية، وتُقدمها كرموز للحضارة والتقدم.

هذا المعيار المزدوج يسمح بنشر سردية تُصوّر الممارسات الغربية على أنها "عقلانية"، بينما تُعتبر الممارسات الإفريقية "غير عقلانية"، رغم أنها تؤدي وظائف مشابهة.

إن التبجيل الأجدادي الإفريقي غالبًا ما يُصوّر على أنه شيء غامض، وأحيانًا حتى شيطاني، في وسائل الإعلام الغربية، مما يُساهم في "تغريب" المجتمعات الإفريقية. يُعزز هذا التغريب عقلية استعمارية، لطالما بررت الاستغلال وتفوق الثقافات الأخرى."

"لا يمكن لشعب الكاميرون أن يقبل هيمنة قوة أجنبية إلى الأبد. يجب أن تأتي حريتنا من الاعتراف بسيادتنا."

Ruben Um Nyobè -

Um Nyobè's address to the United Nations, 1952, in Um Nyobé,)
ou, Le prix de la liberté by Enoh
(Meyomesse

الفصل الأول

حقيقة الأسلاف

نبدأ استكشافنا لمفهوم الأسلاف بتخصيص هذا الفصل الأول لوصف جوهر السلف. من خلال تعريف معنى السلف وتحديد المعايير التي تؤهل الشخص ليصبح سلفًا، نهدف إلى إيضاح العلاقات المعقدة بين الأحياء وأسلافهم. تشكل هذه العناصر حجر الزاوية في مناقشتنا لهذا الفصل.

1.1 الأسلاف

يؤمن شعب الـ Bamiléké (باميلكيه) إيمانًا عميقًا بعالم روحي تسكنه شخصيات مرموقة من المتوفين، الذين يتمتعون بوجود أبدي ينعم بالهناء والسعادة. في ثقافة Ngyemba (نغيمبا)، يُعرف هذا العالم باسم «La mépon la' yi léson téwo-wo» (لا ميبون لا يي ليصون تيوو-وو) - أرض المباركين. هذا العالم الآخر، الخالي من الأحزان، يتناقض بشكل حاد مع تجارب العالم الحالي، مما يثير شوقًا لدى الأحياء للارتقاء إلى هذا الملاذ السماوي.

"نبقى في الخارج، نبقى في حزن، نبقى في دموع. آه! لو كان لي مكان في السماء! لو كانت لي أجنحة أطير بها إلى هناك! لو هبط حبل قوي من السماء، لتشبثت به، لتسلقتُ، لذهبتُ لأعيش هناك."

هذا الرثاء، الذي يُتلى غالبًا في أوقات الحزن، يجسد جوهر التوق إلى السلام والسعادة المعتقد أنها موجودة في أرض المباركين. إنه يعبر عن الارتباط العميق بين الأحياء ومعتقداتهم الروحية، موضحًا كيف أن الأمل في الانضمام إلى الأسلاف يوفر الراحة والعزاء.

يقيم الـ Bamiléké سنويًا طقوسًا تُعرف باسم "Ndjop" (ندجوب)، يتواصلون خلالها مع أسلافهم. هذه الطقوس، المليئة بالأغاني التقليدية، والرقصات، والقرابين، يُعتقد أنها تعزز الرابط بين الأحياء

والعالم الروحي. خلال Ndjop، يجتمع المجتمع لتكريم أسلافهم، واستذكار أعمالهم، وطلب توجيههم للسنة المقبلة.

تعريف السلف

في ثقافة Ngyemba (نغيمبا)، لا يُعتبر السلف مجرد شخص متوفٍ، بل هو من عاش حياة فاضلة ومهمة. لكي يصبح الشخص سلفًا، يجب أن يكون قد أظهر الحكمة والشجاعة وخدمة مخلصة للمجتمع. كما يجب أن تُجرى له طقوس جنائزية مناسبة، وأن يُذكَر ويُستدعى من قِبَل الأحياء، لضمان بقاء روحه جزءًا نشطًا من المجتمع.

يُبجَّل الأسلاف ليس فقط بسبب فضائلهم، بل أيضًا لمساهماتهم في تحقيق الخير الجماعي. يُنظر إليهم على أنهم قدوة تُشكّل حياتهم نماذج تُحتذى للأجيال القادمة. وتشمل معايير التحوّل إلى سلف ليس فقط أن يعيش الشخص حياةً صالحة، بل أيضًا أن يؤدي أدوارًا اجتماعية وعائلية محددة، مثل الأبوة والقيادة المجتمعية.

توضح قصة Nkwan (نكوان)، وهو سلف مُبجّل، هذه المعايير. كان نكوان معروفًا بحكمته وشجاعته، وغالبًا ما كان يقود مجتمعه في أوقات النزاع. لقد علّم ليس فقط أطفاله، بل تكفل أيضًا بالأيتام وحرص على رعايتهم بشكل جيد. وعند وفاته، أقام المجتمع له طقوسًا جنائزية متقنة، وتم استدعاء روحه في أوقات الحاجة، مما يجسد المثال المثالي للسلف.

روبين أوم نيوبى (Ruben Um Nyobè) (روبن أوم نيوبى)، الذي يُشار إليه غالبًا بلقب "أب استقلال الكاميرون"، كان قائدًا رؤيويًا ومدافعًا شرسًا عن تحرير بلده من الحكم الاستعماري الفرنسي. بصفته عضوًا مؤسسًا وزعيمًا لحزب اتحاد شعوب الكاميرون (UPC) (يو بي سي)، كافح بلا كلل من أجل توحيد واستقلال الكاميرون. كان أوم نيوبى يؤمن باتباع نهج سلمي لتقرير المصير، وألقى خطبًا قوية في الأمم المتحدة للفت الانتباه العالمي إلى محنة شعبه. كلفه التزامه بمبادئه حياته؛ حيث اغتيل على يد القوات الفرنسية عام 1958. وإلى يومنا هذا، يُبجّل روبين أوم نيوبى كرمز وطني، ومثال للمقاومة، وشهيد من أجل حرية الكاميرون.

1.2 معايير الوصول إلى مقام السلف

إن تحقيق مقام السلف ظاهرة اجتماعية تحكمها تقاليد المجتمع. ليس كل من يتمنى أن يصبح سلفًا يمكنه بلوغ هذه المكانة الرفيعة. يجب استيفاء معايير اجتماعية وشخصية محددة، بما في ذلك أن يعيش الإنسان حياة أخلاقية واجتماعية مثالية، وأن يضمن استمرار نسله في تكريم تقاليد الأسلاف.

"لا يكفي أن يعيش الإنسان حياة فاضلة؛ بل يجب عليه أيضًا أن يترك وراءه أبناءً يمكنهم أداء التضحيات نيابةً عن المتوفى. ويجب أن تُقرن هذه الأبوة الجسدية بالأبوة الأخلاقية والاجتماعية، التي تُكتسب من خلال رعاية وتعليم كل من أبنائه وأبناء الآخرين دون تمييز."

يشدد هذا الشرط المزدوج على أهمية كل من الإسهامات البيولوجية والاجتماعية. يمكن للشخص الذي قام بتوجيه ودعم المجتمع، بغض النظر عن إنجاب أبناء بيولوجيين، أن يُعتبر مؤهلًا لمقام السلف إذا كان قد أثر بشكل إيجابي في حياة الآخرين.

تشمل معايير الوصول إلى مقام السلف أيضًا الحصول على دفن لائق. ففي ثقافة Bamiléké (باميليكي)، تُعد الجنائز أحداثًا كبيرة قد تستمر لعدة أيام. يُحتفل بالمتوفى بالموسيقى والرقص والولائم، مما يعكس مكانته وإسهاماته في المجتمع. ولا يمكن اعتبار الشخص سلفًا إلا إذا حظي بمثل هذا التكريم.

لقد منع الفرنسيون روبين أوم نيوبي (Ruben Um Nyobè) (روبن أوم نيوبى) من الحصول على دفن لائق، حيث دنّسوا جثته وسرقوا جمجمته. لكن كلماته ما زالت خالدة. ويُذكر عنه قوله: "إن حياتي وحياة كثيرين غيري ليست بأهمية مستقبل الكاميرون. سنبذل كل شيء من أجل ذلك المستقبل."

1.3   العلاقات بين الأحياء والأسلاف

تتسم العلاقة بين الأحياء والأسلاف بالتقدير المتبادل والاعتماد المتبادل. يكرم الأحياء الأسلاف من خلال الطقوس والعروض، طالبين توجيههم وبركاتهم. بدورهم، يحمي الأسلاف ويباركون الأحياء، مما يضمن الازدهار والتآلف داخل المجتمع. هذه العلاقة التبادلية ضرورية للحفاظ على توازن واستمرارية التراث الثقافي والروحي Ngyemba (نجيمبا).

ينخرط الأحياء في طقوس متنوعة لإكرام الأسلاف، مثل السكب والدعاء والولائم الاحتفالية. تُظهر هذه الممارسات الاحترام وتدعو إلى حضور الأسلاف وبركاتهم في حياتهم اليومية. على سبيل المثال، خلال المهرجانات الزراعية، يتم تقديم العروض بالشكر للأسلاف لوقايتهم، وطلب الحصاد الوفير للعام القادم.

هناك طقس بارز يسمى "Tambo" (تامبو)، وهو عبارة عن حفل يُعقد لطلب توجيه الأسلاف قبل اتخاذ قرارات رئيسية، مثل اختيار رئيس جديد أو بدء مشروع جماعي مهم. خلال طقس "Tambo"، يجتمع شيوخ المجتمع لأداء التضحية والتواصل مع الأسلاف، لضمان موافقتهم ودعمهم للقرارات المتخذة.

1.4   الأسلاف كحراس وحماة الأسرة

يُنظر إلى الأسلاف على أنهم حراس التقاليد الراسخين، حيث يضمنون وجود العادات الأبوية في كل لحظة من لحظات الحياة البشرية. يمتلكون السلطة لمعاقبة من ينتهك قوانين العشيرة، يعملون كقوة خفية تحافظ على النظام والاستمرارية داخل الأسرة والمجتمع.

"الأسلاف يعرفون ويهتمون بكل ما يحدث في الأسرة. عندما يظهرون لأكبر أفراد الأسرة، يتم التعرف عليهم بأسمائهم كذا وكذا. يُخبرون عن المخاطر القادمة أو يوبخون أولئك الذين فشلوا في اتباع تعليماتهم الخاصة. هم حراس الشؤون العائلية والعشائرية، الأخلاق

والأنشطة المتعلقة ببقاء العشيرة."

هذا الترابط العميق يظهر في القصص التي تُروى عبر الأجيال. على سبيل المثال، يُقال أن أحد أسلاف رئيس القبيلة ظهر في المنام ليحذر من الجفاف الوشيك. اتبعت القبيلة توجيهات الأسلاف بشكل معين وأعدت لمواجهة الجفاف، مما ساعدهم في النهاية على البقاء خلال موسم صعب.

تمتد دور الحماية للأسلاف إلى جوانب مختلفة من الحياة. يعتقدون أنهم يراقبون صحة الأسرة، مما يضمن عدم تعرض الأفراد لأي ضرر أو مرض. عندما يصاب أحدهم بالمرض، يُنظر إليه غالبًا كعلامة على غضب أسلاف، مما يؤدي إلى قيام الأسرة بأداء الطقوس والعروض لتهدئة الأرواح واستعادة الصحة.

1.5 الأسلاف كوسطاء بين الله والحياة

يلعب الأسلاف دوراً حيوياً كوسطاء بين العوالم المرئية وغير المرئية. بعد تجربة مشاق ومعاناة الحياة الأرضية، فإنهم مؤهلون جيدًا للتوسط مع الله نيابة عن الأحياء. يمنحهم هذا الوضع الفريد القدرة على أن يكونوا وسطاء، مما يساعد الأحياء على معالجة شكاواهم وفهم الإرادة الإلهية.

"التوسط هو مفهوم مألوف في إفريقيا. يعزز من أهمية الشخص الذي يتم مخاطبته. في العديد من الأماكن في إفريقيا، لا يمكن الاقتراب من الملوك والرؤساء بشكل مباشر، بل عن طريق الوسطاء. يتم مخاطبتهم والوجه متجه بعيدًا أو الفم مغطى؛ نفس الفكرة تنطبق على الصلاة. يُخاطب الله في الغالب بصيغة الغائب أو من خلال وسيط. هؤلاء الوسطاء يمكن أن يكونوا أرواحاً أو بشرًا."

إن هذا التوسط يعزز أهمية الحفاظ على علاقة متناغمة مع الأسلاف من خلال الطقوس والعروض. يطلب الأحياء شفاعة الأسلاف في جوانب مختلفة من الحياة، بدءاً من الصحة والرخاء وصولاً إلى توجيه القرارات المهمة. يُعتقد أن الأسلاف، الأقرب إلى الإله، يمكن أن يشفعوا بشكل فعال نيابة عن الأحياء.

في أوقات الأزمات، مثل الكوارث الطبيعية أو النزاعات الجماعية، تلجأ المجتمع إلى الأسلاف للحصول على توجيه وتدخل. يُعتقد أن الأسلاف يمكنهم التأثير على نتيجة هذه الأحداث، إما بالتوسط مع الإله أو من خلال تقديم الحكمة والحلول عبر الأحلام والرؤى.

1.6 الصحة ومكانة الأسلاف

في الثقافة السوداء الأفريقية، وبخاصةً بين باميليكي ونجيمبا، تعتبر الأمراض المحددة غير متوافقة مع شرف وكرامة مكانة الأسلاف. الوذمة، وداء الفيل، والجذام هي من الأمراض التي تمنع المتوفى من تلقي الطقوس الجنائزية المناسبة. يُعتقد أن هذه الأمراض تلويث مجد المتوفى ومن ثم تُرى كعقبات لتحقيق مكانة الأسلاف الموقرة.

يُعتبر الوفاة العرضية، مثل الغرق أو الحرق، إهانة شديدة واستبعاد من أوسمة الأسلاف. تُفسر هذه الوفيات على أنها اضطراب للنظام الطبيعي، وغالبًا ما تُعتبر علامات على سخط الأسلاف أو انتهاك المحرمات. لذا، يُعتقد أن مثل هذه الوفيات لها آثار سلبية في الحياة الأخرى.

بين نجيمبا، يُعتقد أن الحفاظ على الصحة في الحياة هو انعكاس للسمعة الروحية والمعنوية. الأمراض التي تشوه الجسم أو تسبب معاناة شديدة تُرى كعقبات لتحقيق مكانة الأسلاف، حيث يُعتقد أنها تشير إلى عدم رضا الأسلاف أو الإله.

كان الدكتور فليكس رولاند مومي زعيمًا كاميرونيًا جريئًا وساحرًا، وكان رئيسًا لحزب الاتحاد الوطني بعد وفاة رونيه أوم نوبيه. طبيب مدرب، كان مومي ملتزمًا بشكل عميق في نضاله من أجل استقلال الكاميرون واستمر في قيادة المقاومة ضد الاستعمار الفرنسي. لقد صُبِر بالسم من قبل جهاز المخابرات الفرنسية في عام 1960 أثناء نفيه في جنيف. صُدم القارة الأفريقية باغتياله وأصبح إرثه قائدًا جريئًا دفع الثمن النهائي في نضاله من أجل استقلال بلاده.

"الاستعمار هو السرطان. إذا لم نزيله، فإنه سيقتل جسد أمتنا." هكذا صرح مومي خلال خطابه في المؤتمر الوطني للحزب. وهذا ما تم تسجيله في *Assassinat de Moumié: Les révélations du colonel Bonny by Jacques Bonny.*

1.7 النزاهة العقلية والجسدية

تُعتبر النزاهة العقلية والجسدية من المتطلبات الأساسية للطموح إلى مكانة الأسلاف. الأشخاص الذين يخرجون عن المألوف، سواء بسبب إعاقات جسدية، مرض عقلي، أو أي تشوهات أخرى، يُستبعدون من فئة "الأسلاف القابلين" المتوفين. يشمل الاستبعاد الأفراد الذين يعتبرون منبوذين اجتماعيًا، مثل اللصوص، المخبرين، والزناة، الذين يجب عليهم البحث عن الخلاص والمغفرة حتى يُعتَبَروا مؤهلين لمكانة الأسلاف.

يؤمن نجيمبا أن أرواح الأسلاف تمتلك نقاءً طبيعيًا يجب الحفاظ عليه. لذلك، فقط أولئك الذين حافظوا على هذا النقاء في الحياة، سواء من الناحية الجسدية أو العقلية، يمكنهم تحقيق مكانة الأسلاف. يبرز هذا الإيمان التزام المجتمع بالحفاظ على المبادئ الأخلاقية والمعنوية.

تروي قصة شهيرة عن رجل يُدعى مُبيبي، الذي كان معروفًا بقوته الجسدية ونزاهته الأخلاقية. على الرغم من مواجهة العديد من التحديات والإغراءات، ظل مُبيبي ثابتًا في مبادئه. بعد وفاته، كرمه مجتمعه بطقوس جنائزية elaborate واحتُفي به كأحد الأسلاف الذين تجسدوا المثال للسلامة العقلية والجسدية.

كان أبل كينجوي زعيمًا قوميًا كاميرونيًا بارزًا وكان أحد الشخصيات البارزة في قيادة حزب الاتحاد الوطني. معروفًا بتفكيره الاستراتيجي وولائه الغير قابل للتنازل للقضية، لعب كينجوي دورًا حيويًا في تنظيم الحركات الجماهيرية والمقاومة المسلحة ضد الاستعمار. عمل عن كثب مع رونيه أوم نوبيه وفليكس رولاند مومي، ساعد في تشكيل أيديولوجية الحزب وأساليبه. بعد وفاة أوم نوبيه ومومي، استمر كينجوي في النضال من أجل الاستقلال، قاد حملات حرب عصابات وجمع الدعم الدولي للقضية. تم سجنه عدة مرات بسبب نشاطه وتحمل مشاقًا هائلة. إن التزام أبل كينجوي المستمر للحرية وتضحياته قد أضفوا عليه مكانة بين أعظم الثوار في الكاميرون.

1.8 النزاهة الأخلاقية

تُعتبر النزاهة الأخلاقية أمرًا بالغ الأهمية في السعي لتحقيق مكانة الأسلاف. يجب على الفرد أن يظهر الإتزان الذاتي، خصوصًا في الكلام، ويستمر في السعي لتعديل سلوكه داخل السياق الاجتماعي والعائلي. الأفراد الذين يفشلون في ذلك، مثل السحرة (المشار إليهم بـ "نديو" و "نغانتشايا" في ثقافة نجيمبا)، يواجهون تحديات كبيرة في تحقيق مكانة الأسلاف بسبب الصعوبة في الحصول على المغفرة لذنوبهم.

تتواجد قصص عن الخلاص والتحول في الروايات النجيمبية. قصة واحدة تتحدث عن رجل، معروفًا بالخداع والخيانة، قضى سنواته الأخيرة في البحث عن المغفرة من خلال أعمال اللطف والتضحيات. في النهاية، اعترفت مجتمعه بمحاولاته الصادقة، وكرمه بطقوس الضرورية لكي يصبح أحد الأسلاف.

تتضمن النزاهة الأخلاقية أيضًا الالتزام بقوانين وعادات المجتمع. الأفراد الذين يحترمون ويطبقون هذه التقاليد أكثر ترجيحًا أن يُكرموا كأجداد. على سبيل المثال، كانت امرأة تُدعى نغاليمًا، معروفة بحكمتها وعدلها، محبوبة في مجتمعها. التزامها بالمبادئ الأخلاقية والاجتماعية جعلها شخصية محترمة، وعند وفاتها، تم الاحتفال بها كأحد الأسلاف.

كان أبل كينجوي زعيمًا قوميًا كاميرونيًا بارزًا وكان أحد الشخصيات

البارزة في قيادة حزب الاتحاد الوطني. معروفًا بتفكيره الاستراتيجي والتزامه غير القابل للتنازل للقضية، لعب كينجوي دورًا حيويًا في تنظيم الحركات الجماهيرية والمقاومة المسلحة ضد الاستعمار. عمل عن كثب مع رونيه أوم نوبيه وفليكس رولاند مومي، ساعد في تشكيل أيديولوجية الحزب وأساليبه. بعد وفاة أوم نوبيه ومومي، استمر كينجوي في النضال من أجل الاستقلال، قاد حملات حرب عصابات وجمع الدعم الدولي للقضية. تم سجنه عدة مرات بسبب نشاطه وتحمل مشاقًا هائلة. إن التزام أبل كينجوي المستمر للحرية وتضحياته قد أضفوا عليه مكانة بين أعظم الثوار في الكاميرون.

"لن ننحني للخشية. قد يدمروننا جسديًا، لكنهم لن ينكسروا في إرادتنا للحرية." من "Histoire secrète de l'indépendance camerounaise" بواسطة بيير فلامبوا نغاياپ.

1.9 الأسلاف كحماة المجتمع

الأسلاف يُنظر إليهم كأعضاء متكاملين في المجتمع الحي، ويقومون بدور المراقب الدائم على نسلهم. يُعتبرون الحماة الأكثر يقظة لقوانين العائلة والعشيرة، لضمان الحفاظ على التقاليد والقيم. الأجانب، بغض النظر عن اندماجهم في المجتمع، لا يمكنهم الوصول إلى لقب الأسلاف بسبب عدم وجود مشاركة عميقة الجذور في حياة المجتمع.

تستند المعايير الحكامة الخاصة بالصعود إلى مكانة الأسلاف على مبدئين رئيسيين: نقاء الشخص المثالي اجتماعيًا وروحيًا واستمرارية هوية المجموعة عبر الزمن. يُعتبر الأسلاف، بوصفهم تجسيدًا للكمال والإكتمال، جسرًا بين العالم المادي والإلهي، ويقومون بدور الوسيط إلى الله.

دور الأسلاف كحماة المجتمع يظهر بوضوح في المهرجانات السنوية المخصصة لهم. خلال هذه الاحتفالات، يجتمع المجتمع لإعادة سرد أعمال الأسلاف، وتنفيذ رقصات تقليدية، وتقديم تضحيات. هذه المهرجانات تعمل كتذكير بالحضور الدائم للأسلاف وتأثيرهم.

في واحدة من هذه المهرجانات، المعروفة باسم "Mbok"، يحتفل المجتمع بالأسلاف من خلال إعادة تمثيل أفعالهم البطولية من خلال سرد القصص والعروض. ليس هذا فقط تكريمًا للأسلاف، بل يعليم الجيل الأصغر سنًا عن تراثهم والقيم التي حفظها أسلافهم.

1.10 الأسلاف كوسطاء

كوسطاء، يحتل الأسلاف موقعاً فريداً يسهل الاتصال بين الأحياء والآلهة. تجاربهم في الحياة الدنيوية تجعلهم فعّالين في التوسط، وقادرين على فهم وتلبية احتياجات وشكاوى الأحياء. هذا الوساطة تؤكد على أهمية الحفاظ على علاقة متناغمة مع الأسلاف من خلال الطقوس والعروض.

"يعتقد النغيمبا أن أسلافهم ليسوا موتى بل يعيشون على علاقة وثيقة مع الأحياء. إنهم يعكسون شعور أوغست كونت القائل أن "الإنسانية هي أمة من الأموات أكثر منها الأحياء"، بمعنى أن الموتى يظلّون على قيد الذكرى ويحتفظون بوجود نشط في حياة الأحياء."

يظهر هذا الاعتقاد في الطقوس التي تُؤدى في مزارات الأسلاف. هذه الأماكن المقدسة، غالباً ما تكون داخل الفناءات العائلية، هي أماكن يمكن للأحياء فيها التواصل مع الأسلاف، طالبين نصحهم وبركتهم. تُزيّن المزارات بعلامات وأدوات تمثل فضائل وإنجازات الأسلاف.

في أوقات الأزمات الشخصية أو الجماعية، يلجأ الأحياء إلى الأسلاف لطلب الإرشاد والتدخل. على سبيل المثال، خلال موجة جفاف شديدة، قد يجتمع المجتمع في مزار الأسلاف لإجراء طقوس وطلب وساطة الأسلاف لتساقط الأمطار. هذه الممارسات تعزز الإيمان بوجود الأسلاف المستمر في الرفاهية المجتمعية.

1.11 الأسلاف كحماة

الأسلاف ليسوا فقط حماة للتقاليد، بل هم أيضاً حماة لعائلاتهم. يتدخلون بفعالية في حياة ذريتهم لمنع أي ضرر من أن يُلحق بأسرهم. يُنظر إلى المرض، وفقدان الممتلكات، وحتى الموت، كوسائل من خلالها يحمي الأسلاف الأسرة من الأذى الشديد. هذا الدور الوقائي يعزز الإيمان بأن الأسلاف، حتى في أوقات الأذى المزعومة، يعملون لمصلحة الأسرة والمجتمع.

العلاقة بين الأحياء والأسلاف هي علاقة تبادل متبادل. الأحياء يقدسون

ويُغذون ويطلبون بركة الأسلاف، بينما الأسلاف بدورهم يُوجهون، يحمون، ويكافئون الأحياء. هذا التبادل يضمن استمرارية الحياة والتقاليد، رابطاً الماضي بالحاضر والمستقبل.

واحدة من الأمثلة البارزة على حماية الأسلاف هي قصة صبي صغير أصيب بمرض خطير. أسرته، معتقدة أن المرض كان علامة على غضب الأسلاف، قامت بأداء سلسلة من الطقوس والعروض. بقدرة خارقة، شفي الصبي، وأسندت الأسرة شفاءه إلى تدخل الأسلاف، مما عزز إيمانهم بالقوة الوقائية للأسلاف.

الإيمان بحماية الأسلاف يمتد أيضاً إلى الممارسات الزراعية لدى النغيمبا. قبل موسم الزراعة، يؤدي المزارعون طقوساً لتكريم الأسلاف وطلب بركتهم لموسم حصاد وفير. يُعتقد أن الأسلاف يمكنهم التأثير على خصوبة الأرض، مما يضمن أن تنمو المحاصيل قوية وصحية.

الخلاصة

عالم الأسلاف يقدم للمجتمع الحي إحساساً بالاستمرارية والثبات. من خلال ارتباطها الوجودي بالموتى والخلود، تشكل عبادة الأسلاف رابطاً حيوياً بين الماضي التقليدي والمستقبل غير المتوقع. من خلال الطقوس والعروض، يشارك الأحياء مع الأسلاف، طالبين توجيههم وبركتهم للتغلب على تحديات الحياة.

النغيمبا، مثل العديد من الثقافات الإفريقية، يرون أن أسلافهم هم وسطاء وحماة أساسيين، لضمان الحفاظ على التقاليد والقيم عبر الأجيال. هذه العلاقة المعقدة توضح الأهمية العميقة لعبادة الأسلاف في الحفاظ على انسجام وتوازن المجتمع.

من خلال استكشاف الفصول التالية، سنتناول كيفية تشكيل هذه المعتقدات والممارسات للعالمية النغيمبية، وتأثيرها على عاداتهم وطقوسهم وحياتهم اليومية. القصص والتقاليد المحيطة بالأسلاف توفر نسيجاً غنياً من التراث الثقافي، وتقدم رؤى في العلاقة الأزلية بين الأحياء والعالم الروحي.

من خلال هذه التقاليد، يظل الناس النغيمبيون على اتصال دائم بماضيهم، مستمدين القوة والحكمة من أسلافهم. هذا الرابط العميق الجذور يضمن استمرار إرث الأسلاف، موجهًا المجتمع من خلال تحديات الحاضر وإلى المستقبل.

.

الفصل الثاني

الخطوات المؤدية إلى تقديس الأسلاف

إن الطريق ليصبح المرء سلفًا في المجتمع النغيمبي هو رحلة مقدسة بعمق، مُنسوجة بجدية في نسيج الحياة والموت. هذا ليس مجرد نهاية للحياة، بل هو سلسلة من الطقوس العميقة التي تضمن انتقال الفرد إلى عالم الأسلاف. هذه الطقوس هي شهادة على الأهمية الدائمة للمجتمع والاحترام والروحانية بين الناس النغيمبيين. عملية تقديس السلف يمكن أن تُضيء بفهم الأهمية المكانية والزمانية في النغيمب/اليمبا. مفهوم الزمن الدوري واستخدام الأماكن المقدسة للطقوس يظهر أن تقديس الأسلاف يحدث في أوقات ومواقع معينة تكون ذات دلالة ثقافية. التعبيرات الثقافية الموجودة في النغيمب/اليمبا التي توجه كيفية تقييد الزمن والمكان في الطقوس، مُقابلًا للنظم أكثر تنظيمًا المكانية والزمنية الفرنسية/الإنجليزية. عبارة مثل "مْبَا نُو كِى كُو"، التي يمكن ترجمتها إلى "كلمات السلف ما تزال تمشي"، تشير إلى الأهمية المستمرة لتعاليم الأسلاف. كتابة هذه العبارة بالفرنسية أو الإنجليزية قد تفقد هذا المعنى الطبقي، مما يؤدي إلى فقدان الرابط الثقافي الأعمق مع الأرض. استخدام النغيمب/اليمبا يضمن أن الرابط بين الناس والأسلاف يبقى مركزيًا في السرد.

2.1 المرض الخطير

رحلة تقديس الأسلاف تبدأ مع بداية المرض الخطير، مما يشير إلى مفترق الطرق العميق بين العوالم المادية والروحية. في ثقافة النغيمبي، المرض يشير إلى اقتراب دورات مقدسة حيث يتداخل الزمن الوجودي. تجمع أفراد الأسرة، embody- ing الشّعور الجماعي المركزي في مجتمع النغيمبي. هذا التجمع المقدس للزمنين الخطي والدائري يُرمز إليه غالبًا بعبارات مثل "نَا نُو مْبɛ̆ ŋ ɔ̆ نْكَا" (مسار الشيوخ)، مما يشير إلى مساحة انتقال حيث يتجه الروح

نحو عوالم الأسلاف.

الشخصيات التاريخية مثل إرنست واندية وأوسند أفانا تُجسد أيضًا هذا التقاطع. إعلان واندية قبل إعدامه، "تضحية رجل واحد ليست شيئًا إذا كانت تضمن حرية العديد"، يعكس الاستعداد الروحي للتقديس، حيث تجاوز موته المادي إلى إرث مقاوم أبدي. هذه الشخصيات تجسد كيف يُعتبر المرض والموت كعتبة نحو الخلود الأسلَفي، بما يتماشى مع معتقدات النغيمبي بأن الروح تستمر بعد الجسد.

إرنست واندية يقف كواحد من أعظم الوطنيين في الكاميرون، مُجسدًا الكفاح الدؤوب من أجل الاستقلال الحقيقي عن الحكم الاستعماري الفرنسي. وُلد في غرب الكاميرون، تأثر بعمق بحركة الاتحاد للشعوب الكاميرونية (UPC)، وهي حركة سياسية تناضل من أجل الاستقلال الفوري والكامل. الإعلان الرسمي عن استقلال الكاميرون في عام 1960 لم يُثني عزيمته، حيث رأى حكومة الرئيس أحمدو أحمدجو ككيان تابع يستمر في مصالح فرنسا تحت غطاء السيادة.

في عام 1961، عاد واندية سرًا إلى الكاميرون، قاد حركة حرب العصابات في المناطق الغربية. وبفضل عبقريته الاستراتيجية والتزامه الراسخ، حوّل الحركة إلى رمز أمل للحرية الحقيقية. لم يكن كفاحه بدون تضحيات شخصية؛ عاش في خطر مستمر، متجنبًا قوات الحكومة التي عازمة على قمع التمرد. في عام 1970، أُعتُقل واندية وأجري محاكمة علنية أبرزت تصميم النظام القمعي على قمع المعارضة. في 15 يناير 1971، واجه الإعدام في بافوسام، قائلًا هذه الكلمات الخالدة: "تضحية رجل واحد ليست شيئًا إذا كانت تضمن حرية العديد. أنا أقبل مصيري بكرامة." موته جعل منه شهيدًا للقتال من أجل استقلال الكاميرون، حيث تخليد ذاكرته يُشكل تذكيرًا أبديًا بالنضال ضد الاستعمار النيوليبرالي.

كاستور أوسند أفانا، وهو اقتصادي ماركسي ورؤية، كان حجر الزاوية في المقاومة الفكرية والثورية للكاميرون ضد الهيمنة الاستعمارية والنيوليبرالية. وُلد في عام 1930، ودرس أفانا في فرنسا حيث طور فهمًا نقديًا للنظم الاقتصادية الاستغلالية المفروضة من قِبل القوى الاستعمارية. رسالته

للدكتوراه، "الاقتصاد في أفريقيا الغربية: آفاق التنمية"، تظل نقدًا لاذعًا لهذه الأنظمة.

عودة أفانا إلى إفريقيا بدأت مع بداية نضال سري ضد النيوليبرالية. متخذًا ملاذًا في مراكز الثورة مثل مصر وغينيا وغانا، شكل تحالفات وعزز قاعدته الأيديولوجية. في عام 1963، عاد إلى الكاميرون لتنظيم حركة حرب العصابات في منطقة مولوندو. نشاطه الثوري بلغ ذروته في كمين مأساوي في 15 مارس 1966، حيث أُعتقل وأُعدم وقطع رأسه. رأسه المقطوع نُقل إلى ياوندي، رمزًا وحشيًا لقسوة النظام على المعارضة. على الرغم من موته المبكر عند 36 عامًا، تظل إرثه كقومي وطني حيًا. إعلان أفانا، "الثورة ليست مجرد عنف؛ إنها استيقاظ وعي شعب"، يتردد صداه عبر الأجيال الساعية لتحقيق التحرر الاقتصادي والسياسي.

الخطوة الأولى في معالجة المرض الخطير تتضمن استشارة المنجم أو العراف لتحديد سبب المرض وتحديد ما إذا كان سيؤدي إلى الموت. هذا الطقس يُبرز اعتقاد النغيمبي في تداخل العوالم الروحية والمادية. الأب ألبير، مبشر في باندجون، يزود وصفًا حيويًا لهذا الإجراء:

"إذا كان شخص ما مريضًا خطيرًا، فإن زوجها (إذا كانت امرأة)، أطفالها، أصدقاؤها، وأشقاؤها يتفرقون عبر البلاد ويزورون مجموعة من السحرة ليطلبوا عن السبب. أحدهم سيقول، 'إنه لعنة ألقيت عليه,' وعندما يكسر اللعنة، سيقدم خدماته. آخر يقول، 'إن رأس أبيهم هو الذي يريد قتلهم ويطلب زيت النخيل.' آخر سيزعم، 'إن رأس جدتهم هو الذي يريد مجرفة.' وأخيرًا، آخر سيؤكد، 'إن رأس جدهم يطلب فتاة.' إذا كانت المريضة بالفعل لديها ابنة، فإنها ستُحضَر إلى جمجمة الجد، وستصب الماء عليها. ثم يقولون، 'ها هي الفتاة التي طلبتها؛ الآن اشفي المريض.' يُؤدى طقس مماثل مع جمجمة الجدة ومجرفتها، ويُسكب الزيت على رأس الأب المتوفي."

هذا الممارسة التقليدية تُبرز الأهمية التي توليها النغيمبيين لأجدادهم وكيف يُعتقد أن لديهم تأثيرًا على صحة ورفاهية الأحياء. الطقس يعكس أيضًا الاحترام العميق للنغيمبيين لكبار السن والمتوفين، إذ يُنظر إليهم كأعضاء نشطين في حياة المجتمع حتى بعد الموت.

ومع ذلك، فقد قدم الاستعمار الأوروبي تدخلات كبيرة لهذه الطقوس.

القوى الاستعمارية، خاصة من خلال نشر المسيحية، رأت هذه الطقوس بأنها خرافة رجعية. المبشرون الأوروبيون غالبًا ما سعوا لاستبدال هذه الممارسات التقليدية بممارسات طبية ودينية غربية، التي اعتبروا أنها أكثر عقلانية ومدنية. السرد الاستعماري كان واحدًا من التفوق الثقافي، الذي سعى إلى قمع المعتقدات التقليدية واستبدالها بعقائد مسيحية.

رغم هذه الجهود، أظهر النغيمبيون مقاومة كبيرة. في حين تبنت بعض العائلات ممارسات طبية غربية out of necessity أو ضغط، استمر الكثيرون في استشارة السحرة والمنجمين، ممزجين الطقوس التقليدية مع ممارسات جديدة أدخلها المستعمرون. هذا المزج من الطقوس سمح للنغيمبيين بالحفاظ على إحساس من التماسك الثقافي حتى أثناء التنقل بين واقعية الاستعمار.

الاعتراف

بعد استشارة العراف، تشارك الأسرة في لحظة من التأمل العميق والمصارحة. تُمارَس هذه اللحظة عبر اعتراف جماعي، حيث يُدعى كل فرد من أفراد الأسرة للاعتراف بأي تجاوزات قد تكون ساهمت في المرض أو الموت الوشيك. رئيس الأسرة، في خطاب رسمي، يطلب من الجميع أن يتحدثوا بصراحة:

"نحن الذين هنا شهدنا الوضع. إنه بلا شك خطير. أي شخص يعرف أو يتذكر أن لديه ضغينة ضد إخوته، فليندب ذلك. لكن أولاً، اعلموا أن كل شيء يجب أن يُعترف به."

كجزء من هذه الطقوس، يحمل رئيس الأسرة ديكاً أبيض، رمز النقاء والشفافية، ويمشي بين الحاضرين قائلاً: "كما أن الديك الأبيض لا يمكنه الاختباء من الصقر، كذلك الإنسان لا يمكنه الاختباء من نظرة الله."

هذه الطقوس تسلط الضوء على اعتقاد "نجيمبا" في المسؤولية الجماعية وأهمية الحفاظ على الانسجام داخل المجتمع. يُنظر إلى فعل الاعتراف على أنه خطوة ضرورية لضمان صحة المريض واستعادة التوازن داخل الأسرة. كل شخص، من خلال الاعتراف بعيوبه، يكشف نفسه أمام الله مثل الديك الأبيض أمام الصقر. الاعتراف هو لحظة من الضعف ولكنه أيضاً لحظة تطهير وتجديد.

تتماثل الشخصيات الثورية مع هذه الروح الجماعية. تصريح "نداه نتمزار"، "النفي لا يضعف الروح. بل يُشحذها للاستعداد للعودة إلى المعركة"، يبرز أهمية الحقيقة والمرونة. قوة روحه خلال المنفى تتوازى مع التطهير الذي يسعى إليه الاعتراف، حيث يُعد اعتراف الأخطاء استعداداً للفرد والمجتمع للتجديد.

"نداه نتمزار" كان زعيماً رائداً تجسد حياته تعقيدات ومرونة حركة استقلال الكاميرون. وُلد في مانكون، بامندا، عام 1926، وتولى منصباً مبكراً كمدافع عن التوحيد والحرية. كعضو في "اتحاد شعوب الكاميرون" (UPC)، عمل جنباً إلى جنب مع الزعماء الثوريين مثل روبن أوم نيوب وارنست وانديه.

عندما حظرت السلطات الفرنسية "UPC" في عام 1955، قام "نداه نتمزار" بتكييف أساليبه بتأسيس حركة "كاميرون واحد" (OK) في مناطق الكاميرون الجنوبية التي كانت تحت السيطرة البريطانية. هذا التمديد السري لـ "UPC" قدم دعماً حاسماً للمقاتلين الثوار. بعد توحيد الكاميرون في عام 1961، اضطر "نداه نتمزار" للنفي، حيث عاش في غانا وغينيا والجزائر والمملكة المتحدة. رغم نفيه، ظل مدافعاً لا يلين عن سيادة الكاميرون، مستخدماً الكتابة والخطب والمؤتمرات لتحفيز الدعم الدولي.

كانت سنواته الأخيرة مليئة بالتأمل والتعليم، كما هو موثق بشكل مؤثر في "نداه نتمزار: سيرة ذاتية محادثة". قال ذات مرة، "نحن لا نسعى إلى سفك الدماء، ولكننا على استعداد للتضحية بكل شيء إذا كان ذلك هو ما يتطلبه الأمر لنكون أحراراً"، مُجسداً التزامه الطويل بالعقيدة والكرامة لشعبه. وفاة "نداه

نتمزار" في عام 2010 كانت نهاية لنشاط طويل ومتواصل، ولكن إرثه لا يزال يلهم أولئك الذين يحلمون بكاميرون الحرة والموحدة.

مثال واضح على هذه الممارسة مقدّم من قبل الأب غيليمين، وهو راهب في نسيمالن، الذي يروي اعترافاً لرجل يحتضر:

"الأرواح تتهمني، وهم على حق. لقد سرقت بالفعل عدة ماعز بسرية. في بعض الأحيان، أثناء مروري بفخ في الغابة، أخذت ما وقع فيه. ذات مرة، قابلت طفلاً، وضربته وسقط ميتاً، وأخفيت الجثة. لقد ارتكبت العديد من الأخطاء الأخرى. لقد أسأت أيضاً إلى العديد من أفراد الأسرة. دعهم يعلنون عن شكاواهم، وسأصلح ذلك."

هذا الاعتراف الجماعي يؤكد على تركيز "نجيمبا" على الحقيقة والمصالحة والحفاظ على الانسجام الاجتماعي. كما يكشف عن الإيمان العميق بأن الرفاه الروحي للفرد والمجتمع مترابطان.

خلال الحقبة الاستعمارية، نظر المبشرون الأوروبيون والمستعمرون مثل هذه الممارسات بتشكك. وغالباً ما انتقدوا الاعتراف الجماعي على أنه بدائي وسعوا لاستبداله بطقوس مسيحية للتوبة والاعتراف. كانت أجندة الاستعمار تستهدف تقويض الهياكل الجماعية التي كانت مركزية في مجتمع "نجيمبا"، وترويج الفردية والأخلاق الغربية.

رغم هذه الضغوط، استمر "نجيمبا" في تقدير واحترام تقاليدهم. في بعض الحالات، قاموا بتكييف ممارساتهم لتناسب الإطارات الاستعمارية الجديدة، مدمجين عناصر من الاعتراف المسيحي مع الحفاظ على جوانبهم الجماعية من الطقوس. سمح هذا التكيف لـ "نجيمبا" بالحفاظ على هويتهم الثقافية أثناء التنقل عبر تحديات الحكم الاستعماري.

التضحية

التضحية تخدم كعملية تفاوض عميقة مع الأرواح الأسلافية، وتعزز روابط التبادل المتبادل. يدعو رئيس الأسرة الأسلاف قائلاً: "يا أسلاف، أعدوا لنا أخانا." إراقة دم الماعز ترمز إلى نقل الحيوية، متماشية مع الدورات القمرية المقدسة (à mbù nyùé nyo).

كلمات "أوسيندي أفانا"، "الثورة ليست مجرد أسلحة؛ إنها حول استيقاظ وعي الشعب"، تتردد مع هذه الطقوس. عمل التضحية يتجاوز البقاء على قيد الحياة، ليصبح بياناً لليقظة الروحية والتضامن، حيث تندمج الأرواح الحية والأسلاف من أجل الصالح العام.

بعد اعترافات أفراد الأسرة والمصالحة مع الشخص المحتضر، يبدأ رئيس الأسرة في طقس التضحية، وهو ممارسة عميقة الجذور في الروحانية "نجيمبا". يوجه رئيس الأسرة خطاباً إلى الحضور بكلمات من الأمل والعزم:

"إخوتي وأبنائي، أخانا سوف يعيش. أولئك الذين أرادوه ميتاً الآن يريدونه حياً؛ أولئك الذين أخذوه إلى العالم الظلي عادوا به إلينا. سوف يتعافى، ولكن أولاً، يجب أن نقدم تضحية إلى أرواح أسلافنا للحصول على رضاهم لكي يعودوا أيضاً أخانا الذي كانوا قد أخذوه بالفعل."

التضحية طقس رسمي ومؤثر، يتضمن تقديم ماعز مسك أو خروف مقسوم الخصيتين. اختيار حيوان ذكر يرمز إلى القوة، والط ritual يُجرى بأقصى قدر من التقدير والاحترام. يقف رئيس الأسرة بالقرب من مذبح التضحية، يرفع يديه نحو السماء ويبدأ في الدعاء:

"يا أسلاف، آباؤنا، إخوتنا في المسكن الهادئ، أعد أخي المريض إلي، لا تأخذوه بعد، دعوه يعيش، وإلا ستسخر سلطتي..."

التضحية بحد ذاتها عمل رمزي للغاية. دم الضحية يعتبر حاملاً لجوهر الحياة، وعندما يتدفق على رأس الشخص المريض، يُعتقد أنه يزيل جميع اللعنات وينقل الحيوية من الضحية البريئة إلى الشخص المريض. الطقس لا يمثل مجرد طلب للبقاء على قيد الحياة بل عملية تفاوض عميقة مع الأرواح الأسلافية، طلباً لرحمتهم ورضاهم.

مع تدفق الدم، يتحدث رئيس الأسرة بكلمات الغفران: "أزيل جميع الشرور التي تثقل عليك." يرد الحضور مجتمعين، "ليكن كذلك." الأجواء مهيبة ووحدوية، حيث تجتمع الأسرة كلها لدعم الشخص المريض وتكريم أسلافهم.

جلبت الحقبة الاستعمارية تحديات كبيرة لهذه الممارسات. نظر المبشرون الأوروبيون والسلطات الاستعمارية غالباً إلى هذه التضحيات بأنها بدائية وغير متوافقة مع التعاليم المسيحية. سعى هؤلاء إلى قمع هذه الطقوس، وتعزيز بدلاً منها الصلاة والعروض المسيحية. كانت الرواية الاستعمارية واحدة من التفوق الثقافي، حيث سعى إلى استبدال الممارسات التقليدية بالأعراف الدينية الغربية.

رغم هذه الضغوط، قاوم شعب "نجيمبا" هذه الجهود. استمرت العديد من المجتمعات في أداء تضحياتهم التقليدية، أحياناً في السر، ووجدت طرقاً لإدخال عناصر مسيحية إلى طقوسهم. هذا المزج بين التقاليد سمح لـ "نجيمبا" بالحفاظ على ممارساتهم الروحانية أثناء التكيف مع واقع الحكم الاستعماري الجديد. استمرار ممارسة التضحية يعكس العمق والصمود الثقافي لشعب "نجيمبا" والتزامهم بتكريم أسلافهم رغم الضغوط الخارجية.

2.3 التسليم والوداع للشخص المتوفَّى

طقس نيتوك ليوي (الوصية) يجسد نقل الحكمة المقدسة، رابطاً الإرث الشخصي باستمرار الجماعة. يقوم الشخص المتوفى بدهن أبنائهم بندوة (نبات مبارك)، رمزياً يمرر دورهم كحراس للثروة العائلية والروحية. هذا الطقس لحظة ذات معنى عميق، حيث ينقل الشخص المتوفى حكمته ومسؤولياته إلى الجيل القادم.

تُعبِّر تصريحات وامبو لي كورانت، "الغابة تعرف أسماءنا، وكذلك الأرض التي نحارب من أجلها"، عن هذه المسؤولية المقدسة. إرثه، مثل إرث شيخ "نجيمبا"، يتجاوز نهايته الدنيوية، إذ يضمن أن ذكراه وتعاليمه توجه الأجيال المستقبلية.

كان غابريل تابيو، المعروف بلقبه الثوري "وامبو لي كورانت"، قائداً شجاعاً في نضال الكاميرون الوطني. عمل بجانب إرنست أواندية وزملاء آخرين في قيادة الحزب UPC، وامبو تجسد روح المقاومة ضد القوى الاستعمارية والفئات النيوكولونيالية ما بعد الاستقلال.

بعد استقلال الكاميرون عام 1960، رفض وامبو قبول نظام أهيجو الذي رآه امتداداً للهيمنة الفرنسية. فانسحب إلى الغابات، وانضم إلى قوات الفدائيين، واستغل التضاريس كملاذ وميدان معركة. أُسِر في أواخر الستينات، وحُكم عليه بالإعدام في 15 يناير 1971، مع أواندية ورافائيل فوتسينج. قبل وفاته، أعلن: "في قلب كل باميلكي، هناك محارب ينتظر أن يرتفع. أنا واحد من كثيرين."

تضحية وامبو وعواقبها جعلت منه شهيداً لتحرير الكاميرون. حياته ووفاته تجسد روح المقاومة غير القابلة للترويض، إذ يتجلى اسمه في الذاكرة الجماعية للمقاومة والسيادة.

الشخص المتوفى، إذا كان لا يزال لديه ما يكفي من القوة، يبارك كل طفل بندوة (نبات مبارك) ويعين وريثاً. يسكب الماء على الأرض، يخلطه بالطين، ويستخدم الندوة لوضع علامة على صدر كل طفل. يُعلن الوريث بكلمات: "إذا أراد أحد رؤية لي بعد وفاتي، فعليه رؤية هذا الطفل." هذه بادرة من البركة والتعيين تعزز من أهمية السلالة واستمرار ثروة الأسرة الروحية والمادية.

إذا كان الشخص المتوفى ضعيفاً جداً لأداء هذه الأفعال، تُجمع بعض اللعاب من فمه، ويخلط بالماء، ويستخدمه الشيخ لبركة أفراد الأسرة الآخرين. آخر كلمات الشخص المتوفى تعتبر مقدسة ولا تُمس، تحمل وزن موافقة الأسلاف واحترام الجماعة.

الخوف من الموت وحيداً، دون أن يُلقي هذا الخطاب النهائي، متأصل بعمق في ثقافة "نجيمبا". يعتبر الموت بهذه الطريقة علامة على الصراعات غير المحلولة أو الانتهاكات الجسيمة مثل الزنى، أو الاقتراب من المحرمات، أو السحر. الموت من الجوع ببطون ممتلئة وأفواه مغلقة يُعتبر أسوأ لعنة، جلب الشقاء للعائلة وإشارة إلى رفض الأسلاف.

تحدد التقاليد أن جميع ممتلكات المتوفى تُنتقل إلى الوريث المعين، بما في ذلك الأرض، والمناصب، والمناصب. الوريث يستمر في الشخص المتوفى، يمثلهم في جميع الأمور ويتحمل مسؤولياتهم، بما في ذلك تسوية الديون. يبدأ

نظام الوراثة فوراً بعد الدفن، حيث يُقاد الوريث إلى القبر ووضع الشريط التقليدي (النداب) حول رقبتهم كرمز لمكانتهم الجديدة.

واجهت هذه التقاليد تحديات كبيرة خلال الحقبة الاستعمارية. الأنظمة القانونية الأوروبية، التي أدخلتها السلطات الاستعمارية، كانت غالباً في صراع مع عادات "نجيمبا" فيما يتعلق بالميراث والوراثة. الإطار القانوني الاستعماري ركز على حقوق الملكية الفردية وتقسيم الميراث بين ورثة متعددين، مما كان في تناقض مع ممارسة "نجيمبا" المتمثلة في نقل جميع الممتلكات إلى وريث واحد.

رغم هذه التحديات، تمكن شعب "نجيمبا" من تكييف ممارساتهم لتتلاءم مع الهيكل القانوني الاستعماري الجديد مع الحفاظ على عناصرهم التقليدية الأساسية. تبقى الوصية وتعيين الوريث مركزيين لاستمرار الأسرة الروحية والمادية، مما يعكس صمود ثقافة "نجيمبا" في مواجهة الضغوط الخارجية.

2.4 الموت

الموت في مجتمع Ngyemba هو أكثر من مجرد نهاية؛ إنه عودة إلى الأصول المقدسة. عندما يتنفس الشخص المحتضر أنفاسه الأخيرة، تأكد العائلة من أنه يواجه نحو الخارج، مما يدل على استعدادهم للانتقال إلى العالم الأسلافي. الطقوس مثل الإنشاد à mètà mbɔ̀ɔ (مكان عبور الأرواح) تبرز الموت كعتبة مقدسة. استشهاد نضال المحررون مثل إعدام Ernest Ouandie و Wambo Le Courant في بافوسام لا يمثلان فقط موتًا سياسيًا بل انتقالًا إلى عبادة الأجداد. قصصهم تتوازى مع طقوس Ngyemba، حيث تعزز التضحيات والنضال الجماعي الصمود والتواصل الروحي.

من الطقوس الرئيسية التي تشمل إخراج الأطفال من الغرفة حيث الشخص المحتضر يأخذ أنفاسه الأخيرة. كما يشرح Mgr. Tchouanga Pierre السبب وراء هذا الممارسة:

"قبل اللحظة الحاسمة للوفاة، أي قبل الأنفاس الأخيرة، يُطلب من الأطفال مغادرة المكان الذي يموت فيه الشخص المحتضر. وفقًا للاعتقاد الراسخ، عندما يموت شخص قوي *(رئيس، ساحر، عراف، كاهن...)*، يمكن أن يأخذ معه هؤلاء الذين يشهدون وفاته أو أن يسببوا لهم مرضًا قد يؤدي إلى الوفاة."

تهدف هذه الممارسة إلى حماية الأطفال من المخاطر الروحية المحتملة المرتبطة برؤية الموت. كما تعكس اعتقاد Ngyemba بأن الموت هو حدث قوي ومؤثر يمكن أن يكون له آثار دائمة على الحاضرين.

عندما يموت الشخص المحتضر، تغلق عينيه وفمه بعناية لمنعه من التصلب في وضع غير لائق. من المهم بشكل خاص ألا يموت وهو وجهه مواجه للجدار، لأنه يُعتبر علامة على أن المتوفى غادر العالم الحي بغضب. يعتبر الموت بوجه مبتعد علامة على جلب الشقاء للعائلة، لأن ذلك يشير إلى أن المتوفى يحمل نزاعات غير محلولة.

العصر الاستعماري قدم تحديات جديدة لهذه الممارسات. البعثات الأوروبية والسلطات الاستعمارية غالبًا ما سعت إلى فرض عادات دفن غربية، مما تناقض مع معتقدات Ngyemba التقليدية. التركيز على مراسم الدفن المسيحية، التي تركز على الحياة الآخرة في الجنة بدلاً من العالم الأسلافي، كان في تناقض مع تركيز Ngyemba على الحفاظ على الاتصال بأجدادهم.

رغم هذه الضغوط، واصلت مجتمعات Ngyemba الحفاظ على ممارساتها التقليدية، أحيانًا مندمجة بالعناصر المسيحية للتكيف مع الظروف الاستعمارية الجديدة. ظلت الطقوس المحيطة بالموت عنصرًا مركزيًا في ثقافة Ngyemba، مما يعكس احترام المجتمع العميق للمتوفى والتزامه بالتأكد من انتقال مناسب إلى العالم الأسلافي.

2.5 الحمام الجنائزي والدفن

الحمام الجنائزي والدَّفن هما مكونات حيوية في طقوس الجنازة عند نجيمبا. حالما يتوفى الشخص، يُغسل جسده بالماء البارد ويدهن بزيت نباتي ليجعلوه لامعًا. ثم يُلبس بأفضل ملابسه ويتزين بأفضل قلائده. في الماضي، كان يوضع في يده لؤلؤًا أو قواقعًا لدفع رسوم العبور إلى الآخرة. لدى بعض المجموعات العرقية، يُعتقد أنه للوصول إلى مسكن الأسلاف، يجب عبور نهر كبير جدًا. كانت اللؤلؤ أو القواقع تهدف لدفع المجدف الذي يقوم بهذا العبور بالقارب.

يتم الحمام الجنائزي في صمت تام لتجنب قول أشياء قد تصدم المتوفى، الذي على الرغم من أنه لم يعد حيًا، يُعتقد أنه يستمر في الاستماع إلى ما يُقال عنه. بعد انتهاء الحمام، يُوضع الجسد في نعش، ملفوفًا بعناية في شريط أبيض. خلال ذلك، ينعي الجمع بصوت عالٍ. وضع الجسد في النعش يعني أن المتوفى على وشك مغادرة أحبائه إلى الأبد. لقد تركوا وجودهم الأرضي مع محرماتهم ودنسهم. يُزينون مثل المبتدئ الذي ينتقل من وجود إلى آخر.

عادة ما يتم الدفن في نفس اليوم، أو على أقصى تقدير خلال 24 ساعة من الوفاة. قبل وضع الجثة في القبر، تُعلن عن ديون المتوفى وحقوقه، باعتبار المتوفى شاهدًا في حال الشك. "عندما يُثقل الموتى بالديون، يتعجل أقرباؤهم لحلق شعرهم وقص أظافرهم. نظرًا لأن شعر الرجل يمثل كل كيانه، إذا ظهر دائن لاحقًا للمطالبة بما اقترضه المتوفى، يجب عليه أولاً أن يقسم عن طريق لمس شعر المتوفى، معلنًا أنه لا يساء استخدام المطالبة. إذا كذب الدائن، سيكون عليه الإجابة للمتوفى بطريقة أو بأخرى." وهذا يفسر لماذا، قبل دفن المتوفى، يتم قص بضع خصلات من شعرهم وحفظها بعناية من قبل الوريث. جميع هذه

الاحتياطات المتعلقة بالديون تهدف إلى إزالة العقبة من طريق المتوفى إلى مستقره وتجنب حمل الأقرباء الأحياء اللعنة المرتبطة بالمتوفى.

لكل عائلة مقبرتها الخاصة بها. في معظم الحالات، يتم دفن المتوفى خلف منزلهم، وأحيانًا حتى داخل المنزل. يوضح فرانسوا-ماري نغابي لماذا يتم دفن الجثث بالقرب من المنازل وليس في المقابر الجماعية: "هذا يمكن فهمه بسهولة، حيث يجب حمل الجمجمة بعد كل شيء. فقط أولئك الذين يموتون قبل سن العشرين وممارسي المسيحية يمكن دفنهم في المقابر، حيث لا يمكن أخذ جمجمتهم." قبل إنزال الجثة في القبر، يقول رب الأسرة وداعًا: "اذهب بسلام، نحن الباقون، لا نعرف شيئًا عن موتك. عد دون تأخير (بعد ثلاثة أيام) لتأخذ الجناة لوفاتك..." من بين دوغون في مالي، يتم توجيه خطاب مماثل للمتوفى. قبل الجثة التي لا تزال جمجمته لم تُحلق (كما هو معروف، لا تزال الشعرية تدعم الروح)، يتحدث شيخ الحي إلى المتوفى بهذه الكلمات: "إذا كنت تعرف الرجل الذي قتلك، اذهب وأخبر والدك؛ قل له ألا يسمح له بحمل مقبض المجرفة لأكثر من ثلاثة مواسم ممطرة. إذا أخذك أمّا (الله)، اذهب واسترح معه. إذا قتلك رجل عن طريق السحر، اذهب معه إلى أمّا للحكم..." في مقال عن مراسم الموت والدفن بين قبائل أغهم، وهي قبيلة مجاورة للنجيمبا في شمال غرب بامندا، يكتب دييا كريستوفر:

"عندما يموت شخص ذو أهمية، يلبس جيدًا ويُوضع في كرسي للوداع من قبل أحبائه وأصدقائه... كن سعيدًا، لا تحزن على ترك هذه الأرض، لأنك تدخل في فرح. سوف تخبر والدي، والدتي، عمي، أو خالي X... أنني أعتني جيدًا بشؤونهم، بأطفالهم، زوجاتهم، جميع أسرهم وملكاتهم. سوف تخبرهم أنني دفعت جميع ديونهم... وسوف تخبر جميع الأفراد الآخرين في هذا العالم الجديد ألا ينسوا أولئك منا الذين لا يزالون يعانون على هذه الأرض؛ قد يمنحونا الشجاعة، القوة للعيش في سلام والاستمرار في العمل كما فعلوا هم أنفسهم في حياتهم. سوف تخبرهم أن يهيئوا لنا مكانًا جيدًا لكي عندما نموت بدورنا، يتم استقبالنا دون صعوبة. الآن، بالنسبة لك، رحلة جيدة، وعندما تصل، لا تنسنا لكن تذكرنا كثيرًا. أنت تعرف جيدًا الوضع الذي نعيش فيه الآن. تذكر جيدًا لمساعدتنا..." بعد الوداع للمتوفى، يأخذ رأس الأسرة ماءً جديدًا، وبفرع من كيكينج (شجرة السلام)، يرش الجسد قائلاً: "لقد عشنا دائمًا بهذا الماء النظيف، وهو نفس الماء الذي نقدمه لك لرحلتك. قد ينعشك ويهديك أسلافنا والله نفسه إلى ظله." يلي ذلك رش الماء أغنية بهذه الكلمات، تُغنى أثناء إنزال الجسد في القبر.

"Fo tsé ngo' ngyua né la'yi léson téwo-wo ; yin dan- dan pia mésé yin ; pa Manganjyu' za' wu mandzé Sse naa wu swite."

"اترك هذا العالم البائس، لتذهب لتعيش حيث لا توجد دموع أو أنين. رحلة سعيدة! قد ترافقك الآلهة ويستقبلك الأسلاف والله نفسه ويمنحك الراحة."

في تقليد نجيمبا، يكون قريبًا جدًا من تقليد الكنيسة الكاثوليكية. بالفعل، في الجنازات المسيحية، يوجه الكاهن رسالة وداع للمتوفى بهذه الكلمات:

"ربنا إلهنا، نحن نضع أخانا بين يديك. لقد رافق حبك حياته بأكملها. الآن، أحرره من الشر. قد يستريح من هذا العالم الذي يمر، ويدفع به إلى مكان النور، حيث لا توجد بكاء، دموع أو ألم، بل فقط فرح وسلام، مع ابنك والروح القدس لأجيال الأجيال."

عند نهاية هذه الصلاة الوداعية للمتوفى، لإعادة تذكير المياه التي بها اعتمد، يرش الكاهن جسد المتوفى بالماء المبارك. ثم يُنقل الجثمان إلى المقبرة. خلال هذه الفترة، يُغنى الترحيب الذي خصصه الله لجميع أصدقائه:

"In Paradisum, deducant te Angeli, In tuo adven- tu, suscipiant te Martyres, et perducant te, in Civitatem sanctam Jerusalem..."

بعد هذا الاقتباس المسيحي، عندما ينتهي رب الأسرة من خطابه الوداعي وعندما يخفض الحفارون الجثة إلى القبر، ينفجر الحضور في بكاء حاد وندب غير منظم، مذكرين بكل صفات وأحداث حياة المتوفى. بينما الحشد في حالة حداد، كل شخص يلقي حفنة من التراب في القبر قائلًا، "قد تكون هذه الأرض خفيفة عليك، وإذا رأيناك مرة أخرى، دعها تكون في الأحلام الجيدة."

بعد إغلاق القبر تمامًا، يجب على جميع الأشخاص الذين شاركوا في غسل الجثمان والدفن أن يطهروا أنفسهم. يشرح لويس فينسنت توماس سبب هذه الطهارة:

"كل جثة تعتبر غير طاهرة، ونجاستها معدية، تؤثر ليس فقط على المتوفى ولكن أيضًا على كل شخص يلمسهم: أغراضهم الشخصية ومن يخدمهم خلال الطقوس الجنائزية، المقبرة، أخيرًا، الحزانى وخاصة الزوج. يتم غسل، تدليك، رش، حلق، وتنظيف هذه الرموز بشكل شائع؛ المواد المستخدمة لهذا الغرض غالبًا ما تكون الماء، وأحيانًا النار. بعد غسل الجثة، قبل الانضمام إلى الحضور، يتم إخضاع أولئك الذين شاركوا في هذه العملية إلى الغسل، التنظيف، أو التدليك بالماء، والمستحضرات المعدة من نباتات مختلفة، أوراق أو جذور متنوعة. وبالمثل، بعد العودة من المقبرة، يغسل الحمالون وأصحاب القبور أيديهم وأقدامهم في حاويات أو ينقعونها في أحواض مع نباتات تطهيرية. يجب على

أقارب المتوفى، بعد الدفن، أن يأخذوا حمامًا طقسيًا، يحلقوا رؤوسهم، ويضعوا ملابس جديدة".

سلطات الاحتلال غالبًا ما سعت لفرض تقاليد دفنها الخاصة بها، والتي شملت طرقًا مختلفة لتحضير الجسد والطقوس النهائية التي كانت غريبة على نجيمبا. في العديد من الحالات، تعارضت هذه الممارسات الاستعمارية مع المعتقدات الراسخة لنجيمبا فيما يتعلق بأهمية إعداد الجثة وتأمين عبورها الآمن إلى العالم الروحي. على الرغم من هذه الضغوط، واصلت العديد من مجتمعات نجيمبا ممارسة طقوسهم الجنائزية التقليدية، أحيانًا التكيف معها لتناسب الإطار القانوني والديني الجديد الذي فرضته السلطات الاستعمارية. هذه القدرة على التكيف مع الحفاظ على الممارسات الثقافية الأساسية تتحدث عن مرونة شعب نجيمبا في مواجهة الهيمنة الاستعمارية.

2.6 أسبوع الحداد

بمجرد انتهاء الدفن، يبدأ أسبوع الحداد على الفور. يتم نشر حصائر وأوراق الموز الجافة على أرضية بيت الحداد. الجميع يأخذون أماكنهم، ولعدة أيام، يتم استحضار ذكريات المتوفى. إليك أسبوع من الحداد عاشه في بانجون، كما يرويها الأب ألبرت:

"خلال أسبوع واحد، يجب على الأب والأم، إذا كان المتوفى طفلًا، الزوج وجميع الزوجات، وكذلك الأطفال من هؤلاء الزوجات ـ إذا أصيب أحدهم بالموت ـ جميع الزوجات وجميع الأطفال من المتوفى ـ إذا فقدت هذه النساء زوجها ـ يجب أن يظلوا يرتدون لحاء الموز، ويتركون أسرّتهم، وينامون على الأرض، ممددين على أوراق الموز."

في الواقع، بالنسبة للأطفال، يستمر استحضار الذكريات والمشاركة في الألم لمدة يومين أو ثلاثة أيام فقط. لكن بالنسبة للبالغين، أولئك الذين تركوا بصماتهم في الأسرة أو المجتمع من خلال التزامهم، فإن أسبوع الحداد هو حقًا فترة كاملة وغنية بالعواطف. إذا كان المتوفى أبًا، أو أمًا، أو أخًا، يتم استحضار كل ما قاموا به، وكيف أصبح الأحباء الذين خلفهم غير سعداء. إليك بعض العبارات المتكررة خلال هذا الأسبوع من الحداد. يتم تأليفها وفقًا لحياة

المتوفى، ولكن تلك المدرجة أدناه هي العبارات التي تتكرر في الغالب في جميع السهرات الجنائزية:

“*A mbom* (البركة قد رحلت مبكرًا) *A mbom né mimini ngia 'né ngia té lé* (البركة قد رحلت دون وداع) *'A la' m'épom sé lo* (أرض البركة هي تحت الأرض) *O lia m'épom O lia néh* (فكر في نفسك تبكي للبركة).”

خلال هذا الأسبوع، تنهمر الدموع من الفجر حتى الغروب. الجميع يبقون بقدر ما يشعرون أنه ضروري وكافٍ. تُروى حياة المتوفى، ويتم التأكيد على حبهم لأحبائهم لتسمعهما الجميع. غالبًا ما تكون هذه السهرات مملوءة بالحوار الموجه للمتوفى، وكأنهم يستجيبون.

عموماً، خلال أسبوع الحداد، لا يملك أفراد الأسرة الوقت لتحضير الطعام. لذلك، لتزويدهم بالقوة، يجلب الجيران عادةً مشروبات، مؤونيات حية مثل الدواجن، السجائر، إلخ. لهذا الجِرْيِ تمثيل مزدوج. إنه جِرْيِ التضامن الفريد من نوعه لدى الأفارقة بشكل عام ولدى الباميليك والنجيمبا بشكل خاص. ولكن هذا الجِرْيِ يعكس أيضًا اهتمامًا بالمستقبل. في الواقع، كل شخص يجلب ما يستطيع لأنه يعرف أنه في وقت من الأوقات، سيجد نفسه في نفس الوضع، وإذا لم يقدم شيئًا، فلن يحصل على شيء.

أسبوع الحداد هو فترة معاناة كبيرة لأفراد الأسرة المتضررين. ومع ذلك، فهي الأرملة التي تتحمل الحداد حقًا. إنها الفرصة لها لتظهر الحب والارتباط الذي كانت لديها للزوج المتوفى. يجب أن تبكي ليلاً ونهارًا. تأكل القليل جدًا، وترفض الراحة الجسدية: كل شيء يُختزل إلى الضروري. الأرملة هي بين أفراد العشيرة الأكثر تأثرًا بوفاة زوجها. يُنظر إليها تقريبًا على أنها ماتت معه. ستعود تدريجياً إلى الحياة وتندمج مرة أخرى في مجتمع الأحياء.

عند التفكير في المعنى العميق لأسبوع الحداد، يتضح أن ما وراء الاحترام والحب للمتوفى الذي يواجب على الأحياء، يُعدّ أسبوع الحداد ذاكرة للأحياء بكل المعاناة المرتبطة به، التي يمكن تفسيرها على أنها رد فعل على الخوف الذي يثيره المتوفى. أسبوع الحداد أيضًا يهدف إلى السيطرة على الفوضى الناتجة عن الموت، للتغلب عليها وتحويلها إلى وعد بالحياة. إنه أقل

بكثير من المتوفى من الحداد الذي يحفز سلوك الأحياء، واهتمام المجتمع، الذي تم اضطرابه بفقدان أحد أعضائه. كما يلاحظ لويس فينسنت توماس أيضًا:

"السهر الجنائزي، على سبيل المثال، ليس مجرد مصاحبة واعتراف للمتوفى. يجمع حوله الأقارب المتألمين الذين، في تعاطفهم المتبادل، يعزّون حزنهم. يُعبر عن ذلك طقوسيًا من قبل النساء اللواتي تُمثل وظيفتهن هنا هي البكاء. أما الرجال الحاضرين، فيقضون عادةً وقتهم في شرب الخمر، اللعب، والخروج في الليل. الليل يصبح بالتالي مسرحًا لأنشطة النهار، والسهر الجنائزي يؤدي وظيفة التحرير والتنقية لمراسم مقلوبة. في مثل هذه الطقوس الموثقة، هي وسيلة لإنكار الموت في الليل وعناصره المميزة المشتركة: الراحة، النوم، الظلام، والارتباك. إنه نفس الشيء في جميع السيناريوهات التي تميز الطقوس الجنائزية، وهو مُسكن للقلق من الموت."

وبالتالي، عندما يتم وضعها في ضوء هذه المشاعر التي تلهم الأحياء عمداً أو غير عمدًا، يُعدّ أسبوع الحداد ممارسة تحقق المعنى الأساسي للطقوس الجنائزية وهو الحفاظ وإعادة هيكلة النظام الاجتماعي الذي تم اضطرابه بفعل الموت.

كان للاستعمار أيضًا تأثير على الطريقة التي يتم بها الحداد. حكماء الاستعمار الأوروبيون والمبشرون غالبًا ما كانوا يشتبهون أو يحتقرون طقوس الحداد الطويلة، أحيانًا يفرضون لوائح لتقصيرها أو تعديلها. ومع ذلك، استمر النجيمبا في مراقبة هذه الطقوس، أحيانًا في السر أو بتكييفها لتتناسب مع الإطارات الاستعمارية المفروضة. لذلك، يُعتبر أسبوع الحداد رمزًا قويًا للمقاومة والمرونة، شهادة على تصميم النجيمبا على تكريم أسلافهم والحفاظ على هويتهم الثقافية رغم الضغوط الخارجية."

2.7 إزالة الحداد

عندما ينتهي الأسبوع من الحداد في عائلة، تتوقف كل الدموع. من الآن فصاعدًا، يتم تنظيف المنزل بعناية. بعد حلق رؤوسهم، يرتدي كل أفراد العائلة ملابس الحداد التقليدية باللون الأبيض. إليكم رواية من الأب ألبرت، تصف نهاية أسبوع من الحداد في بندجون:

"بعد أن يمر الأسبوع، ستخرج 'مات فورهي' (الأم التي تطرد الحداد) مع الأفراد المعنيين من الأسرة الكبيرة في الحداد. تغسل جسد الأرمل أو الأرملة، وتقوم بحرق لحاء أوراق الموز والبن. يمكن لكل شخص أن يعود إلى ملابسه المعتادة وسريره المعتاد. لكن بالنسبة لأولئك الذين شاركوا في هذا الحداد الكبير، يجب أن يكون كل شيء جديدًا: الأسرة، البساط، الملابس، الأحزمة، الأساور، الحقائب، يجب أن تكون كلها جديدة، لأن كل ما يمتلكونه من هذا القبيل يجب حرقه."

قد يعتقد المرء أن هذه الحالة الجديدة تعبر عن إرادة الأحياء بعدم السماح لأنفسهم بأن يُتغلب عليهم إلى الأبد بالحزن الناتج عن موت أحد أحبائهم. في عيون النجيامبا، للمراسم الجنائزية الموصوفة أعلاه طبيعة مزدوجة. من ناحية أخرى، فإن الأقارب مدركون لكونهم ملوثين، متأثرين بعمق في وجودهم بموت أحد أقربائهم: يجب تطهيرهم. هذا يشمل في المقام الأول الأرملة. فهي مثل ميت لا يزال على قيد الحياة. طوال فترة الحداد، تظل زوجة لشخص ميت وتشارك طقوسياً في الحالة الجديدة لزوجها. لذلك يجب أن تولد للحياة من جديد.

"مراسم رفع الحداد هي طقوس الولادة من جديد، لأن الحداد هو حالة الموت الرمزي: الجمود، التقييد، الصمت، العزلة تقلل من المكلوم إلى ميت حي بالارتباط مع ميت حقيقي طالما لم يصل إلى حالة الأسلاف بالروح. تحل هذه الظروف الموازية نفسها في نفس الوقت: يعود المكلوم إلى الحياة الطبيعية عندما يُولد الميت في عالم الأسلاف."

من ناحية أخرى، يُعتقد بشكل عام أن الموتى يواصلون التجول حول القرية، ويحاولون العثور على منزلهم وسريرهم. تظهر بعض الوفيات في الأحلام، مما يخيف المارة على الطرق. لهذا السبب، يُعد المقبرة دائمًا مكانًا غامضًا، يخشاه الأحياء. ولهذا السبب أيضًا يستخدم البالوبا في زائير سلسلة من التقنيات لطرد الموتى، لطردهم طقوسياً من هذا العالم.

"...يُدمرون المنزل الذي دفن فيه الميت، وأحيانًا حتى المنزل الذي كانوا يعيشون فيه خلال حياتهم. بعد الدفن، يعودون بطريق أخرى، ويرمون الفخاريات والزجاجات المكسورة على الطريق الذي سلكته الجنازة إلى القبر، لمنع الموتى من استرجاع هذا الطريق للعودة إلى القرية."

من بين الباميليك العام، من نهاية الدفن، يغسل كل من الحفارين والجنازات أيديهم وأقدامهم على القبر باستخدام القربة التي تحتوي على الماء المستخدم لتنظيف الجنازة. يرمون القطع على القبر قبل العودة إلى القرية. كما يتضح، هذه الطقوس تهدف بدقة إلى فصل جسدي بين الأحياء والأموات.

عند انتهاء الحداد، يمكن أن تبدأ الأفكار بالفعل في التحضير للجنازة؛ مهرجان دخول المتوفى إلى فرح الأسلاف. حدث يمكن الاحتفال به في حالة من الحزن. يمكن إقامة الجنازات، حسب الحالة، في نفس الفترة، أو في وقت لاحق، وفقًا لقرار المجلس العائلي.

للعصر الاستعماري تأثير كبير أيضًا على ممارسات الحداد. السلطات الاستعمارية والمبشرون غالبًا ما كانوا يسعون لتنظيم أو قمع الطقوس الجنائزية التقليدية، معتبرين أنها متخلفة أو غير متوافقة مع العقائد المسيحية. ومع ذلك، فقد وجد النجيامبا طرقًا لتكييف هذه الطقوس مع الواقع الجديد الذي فرضته الحكم الاستعماري، أحيانًا من خلال دمج العناصر التقليدية والمسيحية بطريقة سمحت لهم بالحفاظ على هويتهم الثقافية. إن رفع الحداد، لذلك، ليس مجرد العودة إلى الحياة الطبيعية؛ إنه تأكيد على مرونة النجيامبا والتزامهم بالحفاظ على تراثهم الثقافي في مواجهة الضغوط الخارجية.

2.8 الفنائل

مهرجان وداع المتوفى، المعروف باسم "الفَنَائِل"، هو تعبير فرحي من الأسرة لدخول أحد أحبائهم إلى فرحة الأسلاف. يتم استقبالهم بنفس القدر من الفرح كما كانوا مخلصين لهم.

يجب على جميع أفراد الأسرة حضور هذا الحدث. تتطلب وحدة الأسرة ذلك. في هذه المناسبة، يعقد مجلس شيوخ برئاسة رأس الأسرة خلال الأسبوع، بضع أيام قبل المهرجان. تتم مناقشة الأسئلة الهامة أو ببساطة التأكيد عليها أو تصحيحها.

يعد هذا المجلس مراجعة حقيقية للحياة للأسرة. أحياناً يتم تسجيل قبول النوايا المؤلمة التي كانت ستدمر الأسرة أو على الأقل تقوض انسجام الأسرة. عادة ما يختتم رأس الأسرة المجلس بعملية مصالحة. في هذه المناسبة، يبارك

جميع أفراد الأسرة. تؤكد هذه الفعلة وت reinforc مسؤوليته وسلطته داخل الأسرة.

في يوم مهرجان الوداع "lie"lekem-lewue" يكون فعلاً يوم فرح عام للأسرة، لكل من الأحياء والأموات. في الليلة التي تسبق الفَنَائِل الرسمي، يجب على الأسرة كلها النوم حتى على الأرض والبكاء. في صباح اليوم التالي، يتم تلاوة نذير لمدة حوالي ساعة مع الضيوف، قبل بدء الفعاليات بسلسلة من الرقصات مثل الـ Zen، الـ Kuo'zan، الـ Kana. إذا شعرت الحاجة للبكاء مرة أخرى قبل بدء الفعاليات، فهذا بسبب العديد من الأشخاص الذين لم يبكوا للمتوفى في اليوم السابق. ثم تُعطى فرصة أخيرة لكل من يشعرون أنهم لم يبكوا بما فيه الكفاية على المتوفى.

بمجرد أن ينتهي الجميع، لن تكون هناك أسباب للحزن في الشركة مع الأسلاف في "القرية الكبرى والجميلة" عندما نفكر فيه. تُنفَق نفقات فخمة بمناسبة الفَنَائِل، ولكن يجب القول أن كل ما يُنفق لا يأتي فقط من أفراد الأسرة المعنيين. يساهم الجيران والأصدقاء نقداً أو عينيًا في القيام بهذه الاحتفالية. بعضهم يجلبون خرافًا، وبعضهم الآخر دجاجات، أكياسًا من الملح، قِرَباً من الزيت، خنازير، دون احتساب الأطعمة الطازجة، الأموال، والأشياء الأخرى التي يقتضيها التقليد لهذه المناسبة. يتحدث الأسقف Tchouanga Pierre عن محادثة أجراها مع أحد العظماء من قبيلة Bamiléké في هذا الصدد:

"عندما توفي والدي، تم جلب سبعة وتسعين خروفًا وأكثر من مائة دجاجة من هذا المكان العام. حسنًا! قمت بإرجاعها وديونًا خمسة أخرى فقط."

في مواجهة مثل هذه النفقات الكبيرة، تطرح سؤال: هل من الضروري تكبد مثل هذه التكاليف لإرضاء الأسلاف؟ هل يعتقد الناس أن متعة الذبيحة المقدمة مرتبطة بطبيعتها الفاخرة، أم هناك سبب آخر وراء كل هذه النفقات؟ يمكن طرح سببين لتبرير هذا السلوك. يؤكد علماء الاجتماع وعلماء الموت عمومًا أن من أهملوا المتوفى خلال حياته يتورطون في نفقات كبيرة خلال الفَنَائِل أو المراسم، وهي نفقات يمكن تفسيرها كمهدئ للشعور بالذنب الذي يشعرون به.

ولكن أحياناً، تعتبر النفقات الفخمة نتيجة لمنافسة معينة استقرت تدريجياً في بيئة Ngyemba في مجال الفَنَائِل. ينفق كل شخص ما هو شرفه في دعوة أكبر عدد ممكن من الناس إلى احتفالهم. يحدث أن يتكبد الناس مثل هذه النفقات

بحيث، بعد الاحتفالية التي تركتهم مثقلين بالديون، يصبحون غير قادرين على إعالة أسرهم الخاصة. من ناحية أخرى، يعتقد Ngyemba أن الأسلاف سيكونون أكثر رضا إذا تم إنفاق نفقات كبيرة لتنظيم الاحتفالية! لقد تأثرت حقبة الاستعمار بهذه الممارسات أيضاً.

غالبًا ما كانت السلطات الاستعمارية والمبشرين ينظرون إلى الإنفاق الفخم على الفَنَائِل بازدراء، معتبرين أنه تبذير وغير متوافق مع القيم المسيحية. حاولوا فرض ممارسات الفَنَائِل الأكثر تواضعًا ومحدودة، وغالبًا ما يكونون في صراع مباشر مع معتقدات Ngyemba العميقة بشأن تكريم الموتى. على الرغم من هذه الضغوط، استمر Ngyemba في ممارسة فنونهم التقليدية، في بعض الأحيان في دمجها مع الإطارات الاستعمارية الجديدة، لكنهم حافظوا دائماً على العناصر الأساسية التي تعكس هويتهم الثقافية.

انتشال الجثة من القبر (الرأس)

بمجرد أن يتم الإعلان عن وفاة الفرد كإله (لأنه المجتمع الذي يقود الفرد إلى القرب من الأجداد)، يتم إجراء انتشال الجثة للجمجمة (الرأس) لأغراض طقوسية في مناسبات عائلية معينة ستحدث لاحقًا. يتم إجراء انتشال الجثة للجمجمة فقط بعد التأكد من حدوث التحلل وانفصال العظام. ولهذا السبب يُلاحظ عادةً تأخير لمدة أربع إلى خمس سنوات بعد الدفن.

الشخص الرئيسي في هذه الطقوس دائمًا هو أقدم عضو في الأسرة. في حالة عدم وجوده، يمكن أن يكون an Nkemseé (كاهن الدين التقليدي). الطقوس نفسها ليست معقدة جدًا.

قبل الموعد المقرر للانتشال الجثة، يُعد حقيبة من الخوص البيضاء يوضع فيها أوراق bepwue، فروع kékeng، مسحوق الطين الأحمر، وفرع tsanzoh. كل هذا ذو مغزى رمزي. في الواقع، bepwue، kékeng، و tsanzoh هي رموز للسلام، التي يُعتبر الأجداد حرفيًا فيها. دوره مع Sse (الله) هو طلب هذا السلام للرجال، بدونه لا يمكن بناء أي شيء جاد ودائم. مسحوق الطين الأحمر، من ناحية أخرى، يرمز إلى كل من الحلاوة والملكية. من خلال أن يصبح أحد الأجداد، يبلغ المتوفى مكانة الأشخاص المكرسين الذين يشاركون في ملكية وحلاوة الله، الخصوبة، اللطف، والسعادة.

في يوم الطقوس، يتطهر الكاهن باستخدام ndùè (نبات يرمز للوداعة، الخصوبة، والسلام). ثم، مع حقيبته على كتفه، يتجه إلى قبر الشخص الذي سيتم انتشال الجثة لجمجمته. يتم تنظيف القبر بعناية باستخدام فرع tsanzoh. أثناء تنظيف القبر، يردد الكاهن الصلاة التالية:

"Manganjyu', pek toh fa' wu' pia méta pu nin tsè ndah ndzé ngio tswiie fuok mbo mbing ne nem".

'' أجدادنا، لقد جئنا لنأخذك حتى تعيش في البيت مع أسلافك، لتكون محميًا من المطر، البرد، والحر الشديد. ''

بمجرد انتهاء الصلاة، يحفر الكاهن في المكان الذي من المفترض أن تكون فيه جمجمة المتوفى. عندما يجدها، يخرجها بمساعدة ورقتين bepwue، يضعها على ورقتين kékeng ممدودتين بعناية، ويرش عليها مسحوق الطين الأحمر، ويغلفها بلطف في حقيبة الخوص، ويتم نقلها إلى المزار العائلي.

خلال الرحلة من القبر إلى المزار العائلي، يحمل الكاهن الجمجمة، ممسكًا بفروع شجرة السلام بين أسنانه. كل من يلتقي به يفهم أنه يؤدي طقوسًا. يُسمح لهم فقط بانحناء رؤوسهم تحية صامتة. عند الوصول إلى المزار، يلقي an Nkemseé خطابًا للشخص المتوفى الممثل بالجمجمة:

'' ها أنت اليوم بيننا، بين الرجال الذين أحببتهم وتظل تتعلق بهم. يستقبلك الناس، دائمًا متألمين بسبب الروابط التي فصلتك عن الأشرار، بنفس اللطف، هذه الابتسامات التي كنت تظهرها لهم عندما كنت تعود من الصيد، من الحقول، أو من الحرب. أنت، أيها الأب، مع أسلافنا البعيدين الذين لم نعرفهم أبدًا، أوصل لهم صلواتنا المتواضعة. كن متحدًا بينك وبين نفسك، لأن الوحدة قوة... كنت الرجل الأكثر شجاعة في هذه القرية، اجعل أبناءك رجالًا نموذجيين. مرة أخرى، نبكي عليك. ''

يتجمع جميع أفراد العائلة حول الجمجمة ويبدأون في البكاء. الأطفال والنساء يبقون في الفناء، يبكون بالتناوب بمجرد إعطاء إشارة تدل على أن الطقوس تجري. ''يتم تركيب الجماجم بطريقة مختلفة بين العائلات. يفضل البعض دفنها، بينما يفضل البعض الآخر ببساطة تسويتها على طول الجدران. بالنسبة للعائلات التي تختار طريقة الدفن، إليك كيفية القيام بالأمور تقريبًا. يتم وضع الجمجمة في حفرة تم حفرها مسبقًا من قبل الكاهن. يتم رش هذه الحفرة بزيت النخيل. يتم أيضًا وضع لحم الجمل المطبوخ مع قطع الخيار المختلط مع حبوب الكولا وقوق neif في الحفرة. توضع الجمجمة فوق كل شيء، مغطاة ببعض التراب ووعاء طيني. يسكب الكاهن الخمر من الخوص ويقول: ''ها هو خمرك، الذي أحببته كثيرًا. ابناؤك يتعهدون بتقديمه لك طوال الوقت. أعطهم القوة للعمل لجلب الكثير من الطعام لهم. اجعل صيدهم مثمرًا لجلب أكبر لعبة في الأدغال... اليوم نقيمك بين أسلافنا. ''

"راقبنا، احمينا من لعنة 'الرجال مصاصي الدماء' الذين يطاردون الأطفال العميان الذين نحن عليه." يتم توزيع بقية الخمر، بعضها سُكب على الجمجمة المودعة في الحفرة، على جميع الحاضرين، بدءًا من الوريث، رأس العائلة الجديد. الأخير يغسل يديه ووجهه كعلامة على التحالف والولاء للمتوفى ويقسم بالالتزام بجميع الأمثلة الجيدة للحياة التي عاشها المتوفى وأسلاف العائلة الآخرين. يمكن التخلي عن طقوس انتشال الجثة إذا كانت الاحتياطات اللازمة قد اتخذت قبل الدفن. في الواقع، قبل وضع الجثة في التابوت، يكفي فرك جبهة المتوفى بحجر سيتم الاحتفاظ به بعناية. في وقت لاحق، يمكن استبدال هذا الحجر بالجمجمة ونقلها إلى المزار العائلي بنفس الطقوس والعناية الواردة أعلاه.

قد لا يكون من الضروري الإشارة إلى أن في التقليد Ngyemba، لا يُقال عن جمجمة شخص ميت ولكن عن الرأس. الرأس يمثل الشخص بالكامل. الرأس يمثل الشخص بكل صفاته وعيوبه، كل معرفته الخارقة للطبيعة. إنه يستحق الاحترام أكثر من الشخص الحي نفسه. بالنسبة للباميليكه، فإن الرأس (الجمجمة) يستمع إلى محادثات أقرانه. يفكر، يتخذ قرارات، ويستجيب حسب رغبته. وبالتالي، فإن رأس الأشخاص الذين كانوا صارمين في حياتهم يُخشى أكثر... إزالة وحفظ كل رأس بالغ (الجمجمة) أمر ضروري."

للعصر الاستعماري تأثير كبير على هذه الممارسات أيضًا. السلطات الاستعمارية، التي غالبًا ما تدعمها بعثات، نظرت إلى انتشال الجثة للجمجمة وممارسات تكريم الأجداد الأخرى على أنها همجية وسعت إلى قمعها. ومع ذلك، واصلت Ngyemba ممارسة هذه الطقوس، أحيانًا تعديلها لتلائم الإطارات الاستعمارية الجديدة. انتشال الجثة للجمجمة، إذن، ليس مجرد طقوس؛ إنه فعل قوي من الحفاظ الثقافي والمقاومة، شهادة على التزام Ngyemba بتكريم أسلافهم على الرغم من ضغوط الاستعمار.

روحانية وعادات Ngyemba توضح بوضوح ارتباطًا بين الطقوس المعنية في تكريم الأجداد وكيفية تمسك المجتمعات الغربية بأعلامهم التاريخية

من خلال المؤسسات والطقوس، مثل الحفلات التنصيبية الرئاسية، العطل الوطنية، وطريقة تعليم الأطفال في المدارس لتقدير الشخصيات التاريخية معينة. الخطوات المؤدية إلى التكريم في المجتمع الأفريقي غالبًا ما تتشابه مع تكريم الشخصيات التاريخية الغربية من خلال التماثيل، أيام التذكر الوطنية، والبرامج التعليمية. ‘‘أعتقد أننا كأشخاص من أصل أفريقي لدينا تاريخ مجيد أكثر من هؤلاء الآخرين. انظروا

على سبيل المثال إلى الولايات المتحدة، إنهم وطنيون جدًا، أليس كذلك؟ لأنهم يربون أطفالهم ليكونوا وطنيين من سن مبكرة جدًا. تعلمون، الاستيقاظ كل صباح، يضعون أيديهم على صدورهم، ويرددون النشيد الوطني. من سن مبكرة جدًا، يعلمونك عن جورج واشنطن، توماس جيفرسون، الآباء المؤسسين، وما إلى ذلك. حتى وإن كان هؤلاء الرجال من مرتكبي الفساد الجنسي. حتى وإن لم يكن هؤلاء الرجال حتى يستحمون بانتظام. لا يزالون يقدسون ويجعلون من هؤلاء الرجال أبطالًا. إنهم يغرسون عقول أطفالهم ليعبدوا ويكرموا هؤلاء الرجال. ولهذا حتى وإن كانت لديهم تاريخًا محرجًا ومخزيًا، ما زالوا وطنيين جدًا.’’ - Nerekare T Desolines.

الوسائل الإعلام الغربية غالبًا ما تصف تكريم الأجداد الأفارقة بأنه غريب أو مختلف، ومع ذلك تستخدم هذه المجتمعات خطوات طقوسية مشابهة لتكريم قادتها الماضيين. الاعتقاد الخاطئ بأن التقاليد الأفريقية بدائية أو أقل شأنًا هو أمر قديم وعنصري. عبر الثقافات، هناك رغبة إنسانية مشتركة لتقدير أسلافنا ومحبتهم.

الفصل الثالث

ملامح الموت

مقدمة:

في إفريقيا، مفهوم الموت معقد ومتعدد الأوجه، ويُشكل بتأثير قوي من التقاليد القديمة والمعتقدات الاجتماعية والأحداث التاريخية. بين الناس في نجييemba، الموت ليس مجرد نهاية للحياة بل هو انتقال مهم يعكس القيم والخوف من المجتمع. هذا الفصل يستكشف أنواع الموت المختلفة المعترف بها في نجييemba، والطقوس التي ترافقها، والنطاق الأوسع من السياق التاريخي والثقافي الذي أثر في هذه الممارسات على مر الزمن.

3.1 أنواع وأسباب الموت

a) أنواع الموت

يُميز الناس في نغيمبا بين نوعين رئيسيين من الموت: الموت الجسدي والموت الأخلاقي. الموت الجسدي، الذي يؤدي إلى تحلل الجسد، هو عالمي وحتمي. ومع ذلك، يُصنف على أنه "جيد" أو "سيء" بناءً على معايير اجتماعية ثقافية محددة. الموت الجيد يُعتبر مثمرًا ومفيدًا، بينما الموت السيء يُنظر إليه على أنه عقيم وخطير، يؤثر ليس فقط على المتوفى ولكن على المجتمع بأكمله. الموت السيء، سواء كان ناتجًا عن أسباب غير طبيعية مثل الغرق أو الأمراض مثل الجذام، يُخشى بشكل خاص. هذه الوفيات تخل بالتوازن بين الأحياء والأموات، مما يتطلب طقوس تطهير لاستعادة التناغم. طقوس مثل هذه تتردد صداها في التحدي الذي يظهر في كلمات الشخصيات الثورية. أعلن مارتن سينجاب ذات مرة: "الغابة هي منزلنا، الناس هم قوتنا، والموت ما هو إلا بوابة إلى الأبدية." إن وجهة

نظره تتوافق مع المعتقد النغيمبوي بأن حتى الموت، تبقى أفعاله تؤثر في الزمن.

مارتن سينجاب، استراتيجي عسكري ورئيس أركان جيش التحرير الوطني الكاميروني (ALNK)، تجسد المقاومة العسكرية ضد الحكم الاستعماري. وُلد في بندنكوب، وتورط منذ صغره مع جناح الشباب في اتحاد الشعب الكاميروني (UPC)، مما أدى إلى دوره البارز في تنظيم وإدارة المقاومة المسلحة. كرئيس أركان، تنسيق العمليات الحربية، أظهر براعة استراتيجيّة رغم التحديات المتمثلة في المنفى والنزاعات الفئوية. وفاته المفاجئة في عام 1961 خلال كمين كانت خسارة كبيرة للحركة من أجل الاستقلال، لكنها أكدت مكانته كرمز للتضحية والمثابرة.

هذا التمييز بين الموت الجيد والسيء ليس فريدًا من نوعه للنغيمبا؛ إنه مفهوم يتردد صداه عبر العديد من الثقافات الأفريقية. المعايير التي تُشكل الموت الجيد أو الموت السيء غالبًا ما ترتبط بمكان الموت، وعمر المتوفى، والظروف المحيطة بوفاتهم. هذه المعايير عالمية تقريبًا بين الأعراق السوداء في أفريقيا، مما يوضح الفهم الثقافي المشترك لأهمية الموت.

الموت الأخلاقي (Léwùè mêkù): بالإضافة إلى الموت الجسدي، يعترف النغيمبا بنوع آخر من الموت يعرف بـ **Léwùè mêkù**، أو الموت الأخلاقي. هذا النوع من الموت يُحجز للأفراد الذين انتهكوا معايير الأخلاق الاجتماعية، مثل السحرة، مصاصي الدماء، وأصحاب التعويذات. هؤلاء الذين يعانون من الموت الأخلاقي يُحرمون من الوصول إلى الحياة الخالدة للأجداد، وهي مصير يُخشى فوق كل شيء.

مفهوم **Léwùè mêkù** مُتجذر في المعتقدات الروحية لشعب نغيمبا. وفقًا لنصوصهم المقدسة، الأرواح القديمة للانتقام، المعروفة باسم Nganchia وNduùm، تضمن أن أولئك المدانين بالموت الأخلاقي لن يجدوا أبدًا السلام. يعزز هذا النظام العقائدي التماسك الاجتماعي من خلال زرع الخوف العميق من الانتهاكات الأخلاقية، مما يُلزم الأفراد بالالتزام الصارم بمعايير المجتمع.

دراسة رينيه بورو عن الموت بين الدوالا والشعوب المرتبطة تقدم نظرة أعمق إلى كيفية إدراك مختلف المجتمعات الأفريقية للموت. يُميز بين الموت العادي والموت السيء، وغالبًا ما يُعزى الأخير إلى الظروف العنيفة أو غير المتوقعة، مثل الانتحار أو الموت بالاستهلاك، التي غالبًا ما تُربط بالسحر. هذا السياق الأفريقي الأوسع يساعد في إلقاء الضوء على معتقدات وتقاليد النغيمبا المتعلقة بالموت.

في مجتمع نغيمبا، يُخشى الموت السيء - سواء كان بالغرق، الانتحار، الفيلاريا، الجذام،

أو غيرها من الأمراض القمعية ـ ليس فقط بسبب عواقبه المباشرة ولكن أيضًا لأنه يتطلب طقوس تطهير. يُعتقد أن هذه الطقوس تفتح الطريق إلى الحياة الأخرى للمتوفى، شريطة أن تكون حياته الأخلاقية والاجتماعية مستقيمة في الأساس. تتوسع طقوس التطهير لتشمل أفراد أسرته، مكان الموت، وكل من جاء على اتصال بجثة غير نقية.

الثورات الدينية التي اجتاحت أفريقيا، وخاصة إدخال المسيحية والإسلام، جلبت تغييرات كبيرة في كيفية إدراك الموت والآخرة. بالنسبة للباميلك، تم دمج هذه الأديان الجديدة في الأنظمة القائمة، مما أدى إلى طبقات معقدة من الفهم الديني. في حين استمرت الممارسات التقليدية مثل تلك المحيطة بـ Léwùè mêkù، غالبًا ما يتم تفسيرها أو مزجها مع مفاهيم المسيحية مثل الخطيئة والفداء، مما يبرز الطبيعة الديناميكية للروحانية الباميلكية في مواجهة المؤثرات الخارجية (تاريخ أفريقيا، ص 211).

b) أسباب الموت

معتقدات الناس من نغيمبا المتعلقة بالموت تتداخل بشكل عميق مع فهمهم للقوى التي تسببها. في الحالات المتعلقة بالشباب أو أولئك الذين يموتون بشكل غير متوقع، غالبًا ما يُعزى الموت إلى قوى معادية أو أفراد خبيثين، مثل السحرة أو الأرواح الحسودة. لذلك، تتضمن استجابة المجتمع للموت عملية بحث دقيقة عن سببه، باستخدام أساليب مثل التشريح، التنجيم، والسحر.

اللغة النغيمبية تدمج الموت داخل نسيج مقدس. العبارات مثل à mètà mbɔ̀ (مكان عبور الأرواح) و nà nù mbɔ̆ ŋ ɛ̆ nkà (طريق الشيوخ) تعكس الطبيعة الدائرية للوقت، حيث لا يُعد الموت نهاية بل تحولًا. هذه التعبيرات تعكس الاعتقاد بأن الموتى يبقون نشطين داخل المجتمع من خلال الطقوس والذاكرة.

يلعب السحر والتنجيم دورًا حاسمًا في فهم الموت، حيث يوفران كلا من الإغلاق والإرشاد الروحي. تستشير العائلات المنجمين لتحديد أسباب ونتائج الموت، معتقدة أن الخلافات غير المحلولة أو التعويذات يجب معالجتها لمنع المصائب المستقبلية. ميشيل ندوه يؤكد، "إذا انتهت حياتي هنا، فلتعلم أنه انتهت من أجل مستقبل شعبي." هذه الكلمات تعكس كيف يُفهم الموت كتحول يساهم

في بقاء المجتمع.

ميشيل ندوه، زعيم سياسي ومدافع عن الثقافة، لعب دورًا حاسمًا في الاتحاد الشعبي الكاميروني (UPC)، حيث عمل كمندوب في سويسرا ورئيس فرع باموغوم. بعد اغتيال فليكس رولاند موميه، انضم إلى القيادة الثورية للUPC، ساعيًا إلى توحيد الحزب وسط الانقسامات الداخلية. بالإضافة إلى السياسة، كان ندوه مدافعًا مخلصًا عن التراث الموسيقي الأفريقي، حيث أجرى بحوثًا واسعة عن الأدوات التقليدية وتعاون مع منظمات دولية للحفاظ على التقاليد الثقافية. إرثه يكمن في التزامه المزدوج بحقوق الإنسان وحفظ روح إفريقيا.

هذا النهج لفهم الموت ليس فريدًا من نوعه لدى النغيمبا. عبر الثقافات المختلفة، الناس بطبيعتهم يسعون إلى تفسير لماذا وكيف مات شخص ما، يعكس رغبة عالمية في فهم المجهول. في الغرب، غالبًا ما يتضمن هذا تحقيقات علمية أو طبية قانونية. على النقيض، تمارس الثقافات الأفريقية، بينما ربما تكون غنية بالطقوس أكثر من الأساليب، تقنياتها الخاصة الفعالة لتسليط الضوء على أسباب الموت.

الشخصيات الثورية مثل ميشيل ندوه ومارتن سينجاب تجسد فهم النغيمبا للموت كعمل تحولي. إعلان ندوه، "لا أخاف من الموت، لأن الموت هو البذرة التي سينمو منها الحرية"، يرفع من الموت ليصبح عرضًا روحانيًا. بعبارة مشابهة، تصرح سينجاب، "الغابة هي منزلنا، والناس قوتنا، والموت ليس سوى بابًا إلى الأبدية"، مما يتماشى مع المفهوم الأسلاف أن الموت هو بوابة إلى الخلود.

هؤلاء الثوريون، مثل الأجداد في ثقافة النغيمبا، يواصلون التأثير على الأحياء من خلال إرثهم. تحول موتهم، تمامًا مثل موت شخصيات مثل أرنست أونديه، إلى رموز من المقاومة الأبدية. النقاط المتوازية بين تضحياتهم والتقديس الأسلاف يشكك في الفكرة الخاطئة بأن التقاليد الأفريقية جامدة أو قديمة الطراز.

في ثقافة النغيمبا، الموتى هم مشاركون نشطون في الحياة المجتمعية، ويظل تأثيرهم من خلال الطقوس والذاكرة. في المقابل، تسعى المجتمعات

الغربية غالبًا إلى تخليد الشخصيات التاريخية من خلال المعالم المادية، المتاحف والسير الذاتية. هذه النهج، على الرغم من كونها علمانية ظاهريًا، تكشف عن رغبة إنسانية مشتركة في الحفاظ على تأثير الموتى.

الفصل يُبرز هذه التشابهات، ويتحدى الفكرة الخاطئة بأن وجهات النظر الأفريقية حول الموت بدائية. كما توضح اقتباسات ميشيل ندوه ومارتن سينجاب، تقدم التقاليد الأفريقية رؤى عميقة حول الروابط الدائمة بين الحياة، الموت، والتراث. كلماتهم تبرز الطبيعة الدائرية للوقت، حيث الموت ليس مقطوعة ولكن استمرارًا.

بينما يوجد في قبائل نياموزي في تنزانيا على سبيل المثال، مثل يقول: "ابحث عن من سرق أقاربك! سترى: إذا كان فقط الموت، اعلم أنه كذلك! إذا كان ساحرًا، اعلم أنه كذلك!" هذا المثل يختصر القلق والعزيمة لفهم الموت، حتى إذا كان يعني مواجهة حقائق صعبة.

في مجتمع النغيمبا، المتخصصون هم الذين يتولون فك شفرة أسباب وأشخاص الموت. يستخدمون طرقًا مختلفة، بما في ذلك إجراء التشريح، ممارسات التنجيم، أو التواصل مع الأرواح التي فقط السحرة يمكنهم سماعها وتفسيرها. ومع ذلك، فإن هذه العملية تتسم بالصعوبات الاجتماعية والأخلاقية. البحث عن سبب الموت قد يؤدي إلى اتهامات غير عادلة، لا سيما ضد أولئك الذين هم بالفعل مهمشين، مثل الفقراء أو الأرامل.

يمكن الافتراض أن التعليم الحديث قد يغير هذه المعتقدات، لكن حتى النخب المتعلمة غالبًا ما تظل تحت تأثير الفهم التقليدي. على سبيل المثال، يروي رينيه لونه قصة طالب ذكي، الذي على الرغم من تعليمه العلمي، شارك في قتل وحشي لشخص يشتبه في كونه "آكلاً للروح" بعد وفاة مفاجئة لعمّه. هذا الحادث يبرز التأثير المستمر للمعتقدات التقليدية، حتى بين من تعرضوا للتفسيرات العلمية الحديثة.

تجارة الرق الأطلسية كان لها تأثيرات عميقة على المجتمعات الأفريقية، بما في ذلك باميلكه. على الرغم من عدم انخراطها مباشرة في تجارة العبيد على السواحل، تأثرت باميلكه بالديناميكيات الأوسع للتجارة، مما أثر في بنيتها الاجتماعية وتفاعلها مع المجموعات المجاورة. فهم هذا السياق التاريخي يساعد في سياق رؤية النغيمبا للتركيز على فهم والسيطرة على أسباب الموت،

إذ أن الاضطرابات الاجتماعية التي سببتها تجارة العبيد على الأرجح عززت القلق بشأن الموت والموت الاجتماعي (تاريخ أفريقيا، الصفحة 221).

في بعض المجموعات العرقية الأفريقية، يتم حتى سؤال الموتى لتحديد سبب وفاتهم. هذه الممارسة تعكس الاعتقاد بأن الموت نادرًا ما يكون طبيعيًا؛ وغالبًا ما يُرى كعقوبة لذنب، عمل روح غاضبة، أو نتيجة لعنة ساحر. في النغيمبا، قد تزور العائلات السحرة الذين يُعتقد أنهم يتواصلون مع الموتى. هؤلاء السحرة، غالبًا باستخدام معلومات تجمع مسبقًا ومساعدين مخفيين في الجوار، يقدمون إجابات تتماشى مع الشكوك الأسرية.

قد تكون العواقب المترتبة على مثل هذه الاتهامات شديدة، مما يؤدي إلى نبذ اجتماعي وحتى الانتحار للمُتهم وأسرته. هذا يبرز المخاوف والقلق العميقين حول الموت في مجتمع النغيمبا وطول الإجراءات التي سيلجأ الأفراد إليها لتجنب إقحامهم في موت الآخر.

3.5 عواقب الموت السيء

الموت السيء يحمل عواقب اجتماعية هامة داخل مجتمع النجمبا. الأشخاص الذين يعانون من الموت السيء، مثل الشنق أو الوفاة العنيفة، غالبًا ما يُحرَمون من الطقوس الجنائزية المناسبة. بدلاً من ذلك، يُدفنون في أماكن معزولة، ومُلعونة، وعائلاتهم يتعرضون للإقصاء الاجتماعي والأعباء الاقتصادية. إن الخوف من الموت السيء وعواقبه يدفع الأفراد للعيش بطرق أخلاقية صحيحة، لضمان عدم تعرّضهم هم وأحفادهم للوصمة والمشقة المرتبطة بمثل هذه الوفاة.

في مجتمع النجمبا، الحرمان من الجنائز هو مؤشر رئيسي على الموت السيء، مما يؤدي إلى "تحوّل" في الطقوس الجنائزية. على سبيل المثال، الشخص المشنوق لن يُدفن من قبل أقاربه بل من قبل "المكان"، وهي مجموعة تشبه رجال الإطفاء، الذين يجب على عائلة المتوفى دفع تعويض لهم. سيحدث

هذا الدفن ليس في القرية، كما هو معتاد بالنسبة للموتى العاديين، بل في جبل خاص يُسمى "نجوا"، والذي هو بمثابة مكب للنفايات ومكان ملعون حيث لا يُسمح لأحد ببناء بيت أو ممارسة الزراعة. عدم الدفن وفقًا للنظم المعتادة يعني أن هؤلاء الأفراد لن يتم التعرف عليهم كأجداد، وهي خسارة اجتماعية وروحية كبيرة.

بين الدوالا، الأشخاص الذين يُشتبه في أنهم سحرة يُحرقون لمنعهم من العودة كجثامين متنقلة، بينما يُدفن الآخرون ضحايا الموت السيء دون تقديم قرابين، يُرمون في الأدغال لتلتهمهم القرود. هذه الممارسات توضح شدة معاملة الموت السيء في المجتمعات الأفريقية.

أقارب الأشخاص الذين يعانون من الوفاة السيئة يُعانون من النقص في القيمة، والمهانة، ويتعرضون لتحمل أعباء مكلفة لاستعادة كرامتهم. لإعادة الاندماج في المجتمع، يجب عليهم أن يخضعوا لسلسلة من الطقوس التطهيرية والتضحيات التكفيرية، التي تتطلب نفقات كبيرة. هذه بعض من العواقب المرتبطة بالموت السيء في مجتمع النجمبا، مما يفسر الخوف المتفشي من الموت وأهمية العيش بطريقة أخلاقية صحيحة لتجنب مثل هذا المصير المؤلم لأنفسهم وعائلاتهم.

تجارب الباميلكة خلال الحقبة الاستعمارية، وخاصةً تعاملاتهم مع التجار الأوروبيين وتأثير تجارة العبيد عبر الأطلسي، ساهمت في تطور ممارساتهم الاجتماعية والدينية. أنماط المؤسسة لتجارة الرقيق، التي تضمنت شبكات معقدة من الوسطاء الأفارقة والتجار الأوروبيين، أثرت على بنيتهم الاجتماعية وردود أفعالهم تجاه الموت والانتهاكات الاجتماعية. فهم هذه الديناميات التاريخية يكشف عن المخاوف العميقة حول الموت السيء والطريقة التي يتجنب بها المجتمع هذه المصائر (تاريخ أفريقيا، ص 224).

معاملة الموت والإرث تتباينان بين التربية الغربية والمجتمعات الأفريقية. بينما غالبًا ما تحتفظ المجتمعات الأفريقية بعلاقة روحية مستمرة مع الموتى، تسعى المجتمعات الغربية إلى تجسيد الشخصيات التاريخية في طرق أكثر علمانية، مثل من خلال السير الذاتية، المتاحف، والسرد الوطني. وسائل الإعلام الغربية والدعاية غالبًا ما تبرز وجهات النظر الروحية الأفريقية عن الموت كبدائية، دون أن تعترف بنفسها بتقديرها العلماني للشخصيات التاريخية من خلال ممارسات التذكر الوطني. رغم أن النهج الغربي تجاه الموت غالبًا ما يكون علمانيًا، لا يزال ينطوي على نوع من التقدير المستمر والتأثير من الأموات، تمامًا مثل عبادة الأسلاف.

الفصل الرابع

كيف يفسر النجمبا الموت

4.1 مبدأ تفسير الموت

بين النجمبا، مثلهم مثل الباميلكة والعديد من المجموعات العرقية الأفريقية الأخرى، الموت ليس مجرد نهاية الحياة؛ إنه حدث محوري يحمل دلالات عميقة اجتماعيًا وروحيًا. يُنظر إلى الموت من خلال عدسة تأثيره على الأسرة والمجتمع، إما كربح أو خسارة.

عندما يموت فرد استثمر فيه المجتمع بشكل كبير – من خلال التعليم، المهارات، والمسؤوليات الاجتماعية – في وقت مبكر، يُعتبر ذلك خسارة عميقة. آمال المجتمع وتوقعاته، المرتبطة بإسهامات الفرد المحتملة، لا تتحقق، تاركة فراغًا يشعر به الجميع بحدة. ومع ذلك، إذا عاش الفرد فترة كافية ليكون في خدمة المجتمع، ليحقق أدواره ومسؤولياته، يُنظر إلى وفاته كربح. بهذه الطريقة، الموت ليس مقياسًا فقط لنهاية الحياة بل لإنجازات الحياة وإسهاماته.

وفاة المولود الجديد، الذي لم يُسمَّ بعد أو يُدمج في النسيج الاجتماعي بدور محدد وتوقعات، يعتبر عموماً أقل أهمية، إلا أن الحزن الذي يسببه للأم المكلومة. تتغير هذه النظرة بشكل دراماتيكي، مع ذلك، في حالة "جمبي" – طفل يُعتقد أنه يموت ويُولد من جديد بشكل متكرر. مثل هذه الحالات تحمل معاني روحية ثقيلة وتعامل بحذر خاص داخل المجتمع.

ينظر النجمبا إلى الموت ليس كنهاية بل كمرحلة انتقال إلى مرحلة أخرى من الوجود. متجذرة في مفاهيم ما وراء الطبيعة للزمن والمكان، نظامهم العقائدي يصور الموت كتحول، حيث تتقاطع العوالم الروحية والمادية. الزمن يُنظر إليه على أنه دائري، حلقة أبدية حيث الماضي، الحاضر، والمستقبل تتعايش. يصبح الموت، إذن، بوابة – ممر من خلاله يدخل المتوفى إلى العالم الأسلاف، حافظًا على اتصال نشط مع الأحياء.

تتناسب هذه الفلسفة مع كلمات الثورة للدكتور Guillaume Bissogo: "عندما يأخذون حياتي، سيزرعون بذرة مقاومة في تربة الكاميرون." فهمه للموت كعنصر محفز للاستمرار يتردد صدى بعمق داخل الإطار الثقافي للنجمبا، حيث يثري الموت الروح الجماعية.

Omgba Guillaume Bissogo (حوالي 1855 – 1896) كان رئيسًا قبليًا و محاربًا في قبيلة Ewondo في الكاميرون الذي قاد تمردًا كبيرًا ضد القوات الاستعمارية الألمانية في عام 1895. كقائد لخط فرعي لمجموعة Ewondo Mvog Ottou، قام بتنظيم قيادة جيش حقق انتصارات أولية ضد الألمان، مما يمثل الهزيمة الأولى للألمان على التراب الكاميروني. انتقاما، شنت القوات الألمانية حملة وحشية ضد قبيلة Mvog Ottou، مرتكبة مجازر ضد المدنيين. خانته واحدة من زوجاته التي كشفت عن مكانه لألمان. تم القبض عليه، وسُجن في المحطة الألمانية في Jaunde (اليوم Yaoundé)، وأُعدم لاحقًا. رد الفعل الألماني على تمرد Bissogo كان له تأثير عميق على القادة اللاحقين من قبيلة Ewondo، وخاصةً Charles Atangana، الذي وثَّق بطولته في كتابه Jaunde Texte. اليوم، حكايات عن شجاعة Omgba Bissogo ومقاومته هي جزء لا يتجزأ من الفلكلور البتي، رمزاً للروح المستمرة للمقاومة ضد الاضطهاد الاستعماري.

4.2 الموت كربح

الموت لدى elder في ثقافة النجمبا أكثر من مجرد خسارة؛ إنه ربح

للعائلة، والمجتمع، والعالم الروحي. تُحتفل بمثل هذه الوفيات من خلال طقوس elaborate، التي ترمز إلى صعود الفرد إلى أرض الأسلاف. من هذا الموقع الرفيع، يشفع المتوفى للأحياء، ضامناً استمرارية البركات والحماية.

تصريح Jean-Baptiste Tchamfong: "دماء الشهداء تسقي شجرة الحرية. دمي سيفعل نفس الشيء." يعكس هذا الاعتقاد. وفاته، مثل وفاة elder، تخدم غرضًا أعلى، وتعزز العلاقة الدائرية بين التضحية والتجديد. تعكس الألفاظ النحوية النجمبا هذه التحولات. العبارات مثل ɛ̆ ŋ nà nù mbǒ nkà à (طريق الأسلاف) تصور الرحلة المقدسة التي قام بها المتوفى، بينما mɛ̀tà mbɔ̀ɔ (معبر الأرواح) يبرز تقاطع الحياة والآخرة. هذه التعبيرات تتناقض مع المصطلحات الغربية، التي غالبًا ما تُفَصِّل الموت كنهاية خطية.

Jean-Baptiste Tchamfong كان شخصية بارزة في كفاح الكاميرون من أجل الاستقلال، معروفة خصوصًا بقيادته داخل اتحاد شعوب الكاميرون (UPC). كان الـUPC حزبًا سياسيًا لعب دورًا محوريًا في الدعوة لاستقلال الكاميرون عن الحكم الاستعماري. وُلِد في أوائل القرن العشرين، وانخرط بفعالية في الحركات القومية خلال الخمسينيات. كان عضوًا رئيسيًا في الـUPC، الذي تأسس في عام 1948 وسعى إلى استقلال فوري وإعادة توحيد الكاميرون البريطانية والفرنسية. واجه الحزب قمعًا كبيرًا من السلطات الاستعمارية، مما أدى إلى حظره في عام 1955. ومع ذلك، واصل Tchamfong وأنصار آخرين أنشطتهم بشكل سري. كان Tchamfong حاسمًا في تنظيم وقيادة المقاومة المسلحة ضد القوات الاستعمارية. تعاون بشكل وثيق مع قادة آخرين في الـUPC، مثل Ruben Um Nyobé وFélix-Roland Moumié، لتنسيق تكتيكات حرب العصابات الهادفة إلى تقويض الإدارة الاستعمارية والمطالبة بالاستقلال. في أواخر الخمسينيات، تم القبض على Tchamfong من قبل القوات الاستعمارية. تعرض لمحكمة عسكرية وأُعدم لاحقًا بسبب انخراطه في الحركة القومية. كانت وفاته علامة فارقة في كفاح الكاميرون من أجل الاستقلال، رمزًا للتضحيات التي قدمها الكثيرون في الكفاح ضد الحكم الاستعماري.

تفاني Jean-Baptiste Tchamfong لاستقلال الكاميرون ترك إرثًا دائمًا. يُذكر كشهيد دفع الثمن النهائي في السعي نحو الحرية والسيادة لأمته.

حياته وأعماله تواصل إلهام المناقشات حول تعقيدات حركات التحرير والأثر الدائم للتاريخ الاستعماري.

تحتفل المجتمع بوفاة مثل هذا الشخص لعدة أسباب. أولاً، يُفهم أن حتى في الموت، يستمر الفرد في العيش من خلال أبنائه، الذين يخلدون ذكراه من خلال تضحيات دورية وعطايا. العلاقات التي نمت خلال حياتهم لا تُقطع بالموت؛ بدلاً من ذلك، يتم حملها من قبل نسلهم. على سبيل المثال، إذا كان للمتوفى ديون أو التزامات لم تُحل، غالبًا ما يتم الوفاء بها من قبل ورثتهم، لضمان بقاء النسيج الاجتماعي سليمًا. علاوة على ذلك، يتوقع المجتمع فوائد من خلال زواج بنات المتوفى، والتي تُقسم بين أفراد العائلة. كلما كانت العائلة أكبر، كان من المضمون أن تكون الطقوس الجنائزية جيدة التنظيم، مما يتيح فرصًا لتناول الطعام الجماعي وتأكيد الروابط الاجتماعية. احتفال مثل هذه الوفاة أيضًا له دلالات روحانية عميقة. يُعتقد أن المتوفى مُبارك من قبل الأسلاف والله، كما يتضح من العديد من الأطفال الذين يتركون وراءهم. في ثقافة النجمبا، إن وجود العديد من الأبناء يُنظر إليه كعلامة على favor الإلهي. كما يوضح الكتاب المقدس للأول زوجين بشريين: "كونوا مثمرين وأكثروا." هذه البركة تتجسد في قيم النجمبا الثقافية، حيث تعتبر الخصوبة والعائلات الكبيرة مميزة للغاية.

عندما يموت كبير في السن، يحتفل المجتمع ليس فقط بسبب حياته المكتملة، ولكن أيضًا لأنهم يؤمنون بأن المتوفى الآن ينضم إلى رتب من الأسلاف في "القرية الكبرى والجميلة." من هذا الموقع الرفيع، يمكن للأسلاف الشفاعة مع الله نيابة عن الأحياء. الأزواج الذين لا ينجبون الأطفال، المرضى، والأشخاص الذين يواجهون تحديات الحياة المختلفة يمكنهم الاستعانة بهذا الأسلاف لطلب المساعدة, مع العلم أن طلباتهم ستكون أكثر احتمالاً للاستماع إليها عند تقديمها بواسطة وسيط مُقدّر.

هذه العلاقة بين الأحياء والميت الأسلاف تُحافظ عليها من خلال تقديم العطايا المستمرة والسقي على "رأس" الأسلاف (الجمجمة)، لضمان أن الروابط العائلية والمجتمعية تبقى قوية حتى بعد الموت. إنه موت يرغب فيه الكثيرون - موت يجلب شرفًا للعائلة ويضمن مكانًا بين الأسلاف، الذين يُعتبرون وسطاء قويين أمام الله.

في الكاميرون، قيمة الشخص غالبًا ما تُقاس ليس بالثروة المادية ولكن بعدد الأطفال الذين لديهم. رؤساء القبائل والمشايخ يُحترمون لعائلاتهم الكبيرة، ولهذا يُعتبر تعدد الزوجات بين القادة متميزًا. إنه طريقة لضمان وجود العديد من النسل، الذين سيجلبون المجد والفخر لعائلاتهم ويواصلون إرثهم.

4.2.1 وفاة البالغ ذو الذرية

وفاة البالغين الذين لديهم نسل بينما يتم الاحتفال بوفاة كبار السن الذين لديهم العديد من الذرية، تُعتبر وفاة البالغين الذين كانوا معيلين وأولياء كخسارة كبيرة. هذه النوعية من الوفاة تؤثر على الهيكل الاجتماعي والتوازن داخل الأسرة والمجتمع. إذا كان المتوفى قائدًا، يجب العثور على وريث جديد؛ وإذا كانوا آباء، فيجب على شخص ما أن يتدخل لرعاية الأطفال والزوجة الناجية.

وفاة المعيل تحمل دلالات عميقة عاطفياً وعملياً. في المجتمع Ngyemba، تبرز مراسم الحداد الفجوة التي تركها المتوفى، من خلال الأفعال الرمزية مثل حمل الأرامل لأوعية فارغة للدلالة على الفقد. ومع ذلك، حتى في الحزن، هناك إدراك للاستمرارية. يستمر المتوفى في العيش من خلال أطفالهم، الذين يرثون مسؤولياتهم ويحفظون ذكراهم.

كلمات Guillaume Bissogo، "أنا لست خائفًا من الموت، لأنني أعلم أن روحي ستستمر في النضال من أجل الحرية"، تلخص هذه الفلسفة. رؤيته تتماشى مع معتقدات النجيمبا التي ترى أن الذرية تعمل كأوعية للاستمرارية، مما يضمن أن يستمر إرث المتوفى عبر الأجيال.

التعبيرات المسموعة خلال هذه الأوقات تعبر عن الفجوة غير القابلة للتعويض التي خلفها المتوفى. بكاء الأرملة، "زوجي، هل تتركنا؟ من سيعتني بأطفالنا؟ أنت تتركني مع من؟ ماذا سنصبح بدونك؟" يعبر عن عدم اليقين والخوف العميق الذي يتبع وفاة المعيل الرئيسي.

يشارك الأطفال والأصدقاء والجيران أيضًا في الحزن، كل منهم يتذكر الطرق المحددة التي أثر بها المتوفى في حياتهم. قد تحمل الأرملة وعاءً فارغًا، رمزًا لغياب الزيت الذي كان يوفره زوجها سابقًا، بينما قد يحمل الأطفال كتبًا أو أدوات أخرى كان المتوفى يوفرها لهم. هذا الحداد الطقوسي لا يكرم المتوفى فحسب، بل أيضًا يبرز الفجوات العملية والعاطفية التي خلقتها وفاته.

4.3 وفاة البالغ بدون ذرية، تعتبر خسارة

وفاة البالغين دون نسل تُعد واحدة من أكبر الخسائر في مجتمع نغيمبا. بدون أطفال يحملون اسمه وذاكرته، يُخشى أن يُنسى المتوفى، وهو مصير يُخشى منه أكثر من الموت نفسه. تُوصف هذه الوفاة عادة بأنها "وفاة إسكاتولوجية" من قبل العلماء، مشيرةً إلى الإزالة الكاملة للفرد من الذاكرة الاجتماعية والروحية للجماعة.

تُنظر إلى الوفاة دون أطفال على أنها مأساة عميقة ـ انفصال في دورة النسب والذاكرة. بدون ذرية لتكريمهم، يواجه المتوفى مصير النبذ من العالم الآخر. تكون الطقوس الجنائزية لهذه الوفاة عادةً متهدئة، معبرة عن صراع المجتمع للتوفيق بين الخسارة مع التوقعات الثقافية.

إن شهادة الشهادة الثورية لــ "جان باتيست تشامفونج" تضيف بُعدًا جديدًا لهذه الرواية. كلماته، "في موتي، سيكون هناك حياة. سوف تنهض الشعوب"، تعيد تفسير النسل كفكرة أوسع. بالنسبة للثوار مثل تشامفونج، "أطفاله" هم الحركات التي يلهمها والمجتمعات التي يحررها. هذا يتماشى مع معتقدات نغيمبا بأن المساهمة في الروح الجماعية يمكن أن تتجاوز السلالة البيولوجية.

في ثقافة نغيمبا، كما هو الحال في العديد من المجتمعات الأفريقية، الدافع لإنجاب الأطفال متأصل بعمق في الرغبة في الاستمرارية والتجاوز. يُتحدث عن الشخص الذي يموت دون أطفال كما لو كان قد مات بالفعل بينما لا يزال يعيش، شخصية مأساوية لم تحقق الالتزام الأساسي للحياة: الاستمرار في السلالة.

يخشى بشدة هذا الخوف من الفشل في إنشاء إرث أن يذهب البعض إلى مدى بعيد لتجنبه. في حالات وفاة الرجل دون أطفال، تُستخدم ممارسات مثل الزواج اللايراتي ـ حيث يتولى شقيق المتوفى الأبوة بأطفاله ـ لضمان استمرار سلالته. وبالمثل، في بعض الثقافات، قد تتزوج امرأة عقيم امرأة أخرى، التي ستنجب نيابة عنها، لضمان الحفاظ على إرث المرأة العقيم.

هذا الإجبار الثقافي يُعبر عنه بشكل مؤثر في صلاة شعوب مندارا من شمال الكاميرون:

"يا إلهي، قد منحتني ابنا. امنحني نعمة لرؤية نموه، وأن أسمعه يناديني أبًا. اجعل منه من سيقوم بدفني. اجعل حياته مثمرة. ليكون، في نهاية حياته، مدفونًا على يد ابنه." (6)

بالنسبة لنغيمبا، تُعد الوفاة دون أطفال مصيرًا ينبغي تجنبه بأي ثمن. يُدفن هؤلاء الأفراد غالبًا بدون اهتمام، حجر يوضع في يدهم رمزًا لعقمهم - تذكير بأنهم عاشوا وماتوا دون أن يسهموا في استمرارية الحياة. لهذا، تُخشى وتُستبعد العزوبية والعقم بشدة؛ فهما يُعدان تهديدًا مباشرًا للنظام الاجتماعي والروحي.

يُظهر الإحتقار الثقافي للعزوبة والعقم أيضًا في حقيقة أن النساء العقيمات غالبًا ما تُنظم جنازاتهن بدون بريق، وأحيانًا حتى في السر. لن تُسمى مثل هذه الشخصة أبدا كأحد الأجداد، إلا إذا كانت حياتها متميزة للغاية حتى يُمنح لها مكان خاص بين الأموات الموقرين. وإلا، يُعتقد أن روحها تصبح كيانًا تائهًا، غير قادر على العثور على السلام.

في هذا السياق، يُنظر إلى تعدد الزوجات ليس فقط كعقيدة اجتماعية، بل كضمان ضد العقم والأرملية، ويضمن لرجل العديد من الأطفال لمواصلة سلالته.

إنها وسيلة وقائية، لحماية مكان الشخص في دورة الحياة والموت التي تحدد وجود نغيمبا.

تُنظر وفاة البالغين دون نسل، سواء كانوا متزوجين أو عازبين، على أنها فشل مأساوي في أعين المجتمع. بدون ذرية لتذكرهم وتكريمهم، يُحكم على اسمهم وسلالتهم بالزوال - مصير يسعى نغيمبا لتجنبه بأي وسيلة ممكنة.

تفسير نغيمبا للموت مرتبط بعمق بمفاهيم المكسب والخسارة، متأثرًا بشكل كبير بمساهمات المتوفى الاجتماعية والروحية. تعتمد حالة الوفاة في الثقافات المختلفة بشكل كبير على الحياة التي عاشها والإرث الذي تركه وراءه. في ثقافة تركز على استمرارية النسب، تُعد وفاة شخص بلا أطفال تمثل الخسارة النهائية، بينما تمثل وفاة شخص محبوب رمزًا لتحقيق أسمى آمال الحياة.

تفسير نغيمبا للموت يتناقض بشكل حاد مع الإطارات الغربية، ومع ذلك، تسعى كلا الثقافتين إلى توسيع تأثير المتوفى. التقاليد الأفريقية، الجذور في

الوقت الدوري، تحتفل بالموت كتحول إلى الأجداد، مما يضمن دور الروح النشطة في الحياة الجماعية. على النقيض، تسعى المجتمعات الغربية إلى تخليد الشخصيات التاريخية من خلال وسائل علمانية - التماثيل، السير الذاتية، والقصص الوطنية.

الافتراضات الخاطئة التي تروج لها النظرة الغربية غالبًا ما تتجاهل عبادة الأجداد الأفريقية باعتبارها بدائية. إن كلمات Guillaume Bissogo، "عندما يأخذون حياتي، فإنهم سيزرعون بذور المقاومة"، تتحدى هذه التحيزات. كلماته تعكس رغبة إنسانية مشتركة لحفظ إرث الموتى، سواء من خلال الطقوس أو التذكر. الاندماج الغربي يرفض عبادة الأجداد الأفريقية كتراث من الخرافات ما قبل الحديثة، ولكن يتبع نمطًا مماثلًا من خلال إنشاء "قديسين علمانيين" في شكل رموز وطنية شهيرة. تسلط المجتمعات الغربية الضوء على النهاية في الموت ولكنها تحافظ على استمرارية رمزية من خلال إرث القادة الراحلين والأبطال. نظرة المجتمعات الأفريقية إلى الموت كتحول إلى الأجداد تتماشى مع كيف تخلق المجتمعات الغربية أساطير من شخصياتها التاريخية لاستمرار تأثيرها حتى بعد الموت. كلا الثقافتين تجد طرقًا لتوسيع تأثير الأموات في حياة الأحياء.

الفصل الخامس

جوهر التضحية في التراث الباميلكي

المقدمة: مفهوم التضحية

كانت لهب المحرقة الطقسية تتراقص في النسيم المسائي، مرسلة الظلال تتراقص على الجدران الحجرية العتيقة لضريح القرية. كان الهواء يمتلئ برائحة المياه النخيلة المحمصة والمشابب، هدايا تهدف إلى ربط الفجوة بين الأحياء والآباء الروحيين. بالنسبة للباميلكيين، لم تكن التضحية مجرد عمل من أعمال العطاء - بل كانت حوارًا غير منطوق، معاملة مقدسة منسوجة في نسيج حياتهم اليومية.

في الثقافة الباميلكية، تُرى التضحية كوسيلة للتواصل مع الآباء الروحيين، وطلب مشورتهم، وضمان رفاهية المجتمع. إن هذا المفهوم مترابط بعمق مع المعتقدات الدينية الباميلكية التي تؤكد على أهمية الحفاظ على التناغم بين الأحياء والعوالم الروحية. لم تكن التضحية مجرد طقس؛ بل كانت جوهر الوجود. كل هدية من الحبوب، أو الدم، أو الصلاة كانت خطوة في الرقص الأبدي بين العوالم، ضمانًا للتوازن، والتناغم، والرخاء. كان يعتقد أن هذا العطاء لم يكن مجرد رمز؛ بل كان يؤثر في نسيج الواقع ذاته، مُرضيًا الأرواح، ومُهدئًا غضب الآباء، ومُقويًا للمجتمع ضد الشدائد.

لفهم جوهر التضحية لدى الباميلكيين، يجب أن نستكشف جذورها التاريخية العميقة وأهميتها المستمرة في إطاره الثقافي. إن التضحية، في العديد من المجتمعات الإفريقية، ليست مجرد عرض طقسي بل معاملة روحية عميقة تحافظ على التوازن الدقيق بين العالم المادي والعوالم الروحية. لدى الباميلكيين تقليد غني من التضحية التي تطورت على مدى قرون، متأثرة بكل من الديناميكيات الداخلية والقوى الخارجية، ولا سيما خلال العصر الاستعماري. ومع ذلك، جلب العصر الاستعماري تحديات هائلة لهذا الممارسة. حاول

الفلسفات الأجنبية والدين المسيحي تقويض هذه التقاليد، واصفين إياها بأنها وثنية. ومع ذلك، تمكن الباميلكيين، بشجاعة شبيهة بمحاربيهم المشهورين، من التكيف والبقاء، منسوجين خيوطًا أجنبية في نسيجهم الثقافي دون أن يفقدوا جوهر معتقداتهم.

النِّطاق التاريخي: الاستعمار وأثره

كانت الفترة الاستعمارية فترة تغييرات جذرية لشعب باميليكي. أدخل المُستعمرون الأوروبيون المسيحية والفلسفات الغربية التي حاولت استبدال المعتقدات والممارسات التقليدية الأفريقية. باميليكي، المعروفون بتقاليدهم الفنية الغنية ومعتقداتهم الروحية، وجدوا أنفسهم على مفترق طرق، حيث كان عليهم التنقل بين هذه التأثيرات الجديدة مع الحفاظ على هويتهم الثقافية.

الاستعمار مزق السهول مثل عاصفة لا تكل، مشتتًا التقاليد، مقتلعًا المعتقدات، ومزرعًا بذور الفتنة. فرض المسيحية والفلسفات الغربية محاولة لإزالة تقديس الأسلاف، الذي كان أساسًا لرُوحية باميليكي. لكن قصة Mafo Fô'ossong تُعد مَثَلاً عن الصمود خلال هذه الفترة.

معروفة باسم "الأسيرة الأسوداء" في السهول، أصبحت Fô'ossong رمزًا للتحدي. محاربة قائدة حربية التي قادت جيوشًا وألَّفت القبائل، قادت أيضًا شعبها في المقاومة الروحية. Mafo Fô'ossong كانت ملكة حربية أسطورية التي قادت شعبها خلال فترة من الاضطرابات الكبيرة والتهديدات الخارجية. قائدة استراتيجية ماهرة وزعيمة لا تُقهر، قادت جيوشها لحماية مملكتها من الغزاة والقبائل المنافسة. قيادة Fô'ossong ألهمت ليس فقط محاربيها بل أيضًا شعبها، الذين أعجبوا بشجاعتها وإصرارها.

بعيدًا عن ساحة المعركة، كانت Mafo Fô'ossong بانية للمقاومة في مجتمعها. أولت اهتمامًا بإعادة بناء القرى المدمرة بفعل النزاع وأضمن إعادة إدماج النازحين في المجتمع. تحت قيادتها، أعيدت أنظمة الزراعة، وتم فتح طرق التجارة، مما أدى إلى انتعاش اقتصادي. كما كانت داعية لتدريب الفتيات الشابات في الدفاع عن النفس والقيادة، تاركة إرثًا من تمكين ألهم الأجيال من النساء باميليكي لتولي أدوار نشطة في مجتمعاتهن. أُخْلِدت تحدياتها في كلمات Ruben Um Nyobè: "لن نكون أحرارًا إلا عندما نمتلك الشجاعة للتضحية بكل شيء."

ألهبت مقاومة Fô'ossong الآخرين لتكامل الرموز المسيحية في الطقوس الباميليكية. بدأت الأقنعة والنحت تتضمن صلبانًا وهالات، ليس كأعمال خضوع ولكن كإعلانات عن اندماج ثقافي. تحول الباميليكي الأدوات الاستعمارية إلى أسلحة للحفاظ على تقاليدهم تحت غطاء التحول. مثل Félix-Roland Moumié، الذي كانت كلماته الأخيرة تقول: "ليس لدي ندم، لأن السبب الذي أموت من أجله عادل. المستقبل سوف يُثْبِتُنا"، رأى الباميليكي التضحية كعمل من أعمال الحفاظ والمقاومة.

جلب الحكم الاستعماري ممارسات دينية جديدة، تعبيرات فنية، وأفكار فلسفية تحدت الطرق التقليدية في الحياة بين الباميليكي. اصطدمت المسيحية، بنظامها التوحيدي، مع التقاليد الباميليكية المتعددة الآلهة والمعبودات. غالبًا ما ندَّد المبشِّرون بالممارسات التقليدية على أنها وثنية واعتبروا استبدالها بطقوس مسيحية. ومع ذلك، لم يكن الباميليكي مستقبِلين سلبيين لهذه التغييرات. استجابوا بدمج بعض العناصر المسيحية في ممارساتهم التقليدية، مما خلق مزيجًا فريدًا من القديم والجديد الذي سمح لهم بالحفاظ على هويتهم الثقافية.

على سبيل المثال، دمج الباميليكي الرموز المسيحية والأشكال في فنهم، مثل الصلبان والصور الدينية الأخرى، في حين حافظوا على أشكالهم الفنية التقليدية. هذا الاندماج بين القديم والجديد يظهر بوضوح في النحت الخشبي المعقد، الأقنعة، والملابس التي يعرف بها الباميليكي اليوم. هذه الأصول الثقافية لا تعكس فقط صمود تقاليد الباميليكي، ولكن أيضًا تسهم في قطاع السياحة المتنامي في الكاميرون، الذي يجذب الزوار المهتمين بميراث البلاد المتنوع (الفصل 18 - الدين والفن والفكر الأفريقي في العصر الاستعماري).

السلطات الاستعمارية لم تكن غافلة عن القوة الثقافية لتلك الطقوس. غالبًا ما أدان المبشرون التضحيات الباميليكية على أنها بدائية، محاولين استبدالها بطقوس مسيحية.

كان رد فعل الباميليكيين على الاستعمار لا يقتصر على الفن والدين فقط. لقد انخرطوا أيضًا في النشاط السياسي، مؤكِّدين هويتهم الإثنية ومقاومتهم للحكم الاستعماري. لعبت مفاهيم الإثنية والقومية دورًا محوريًا في تشكيل إدراك الباميليكي لذاته ودوره في السياسة الوطنية الكاميرونية. الباميليكيون، المعروفون بهويتهم الإثنية القوية ونشاطهم السياسي، كانوا لاعبين رئيسيين في حركة استقلال الكاميرون. جهودهم للتأكيد على هويتهم ووجهاتهم المعقدة حول القومية في إفريقيا الحديثة موثقة جيدًا (الإثنية والقومية - ص 579). تحول الباميليكيون الأدوات الاستعمارية إلى أسلحة للحفاظ على تقاليدهم، مُضمنين طقوسهم استمر تحت غطاء التحول.

أركان تضحيات الباميليكيين

تتمحور التضحيات الباميليكية حول ثلاثة أنواع رئيسية: التضحية التوسلية، والتكفيرية، والشكر. كل نوع له غرض محدد، ويعكس الفهم الكوني الأوسع الذي يحكم الحياة الروحية للباميليكيين. هذه التضحيات ليست مجرد أعمال دينية، بل هي متجذرة بعمق في النسيج الاجتماعي والأخلاقي للمجتمع الباميليكي.

التضحية التوسلية: "Pwo' Lok Nduo"

التضحية التوسلية، أو "Pwo' Lok Nduo"، هي النوع الأكثر شيوعًا من التضحيات الباميليكية. تؤدى للحصول على رضا أو حماية من الأجداد، الذين يُعتقد أن لديهم القدرة على التأثير في مصائر الأحياء. هذا النوع من التضحية متجذر بعمق في الاعتقاد بأن الأجداد يواصلون مراقبة نسلهم، ويهتدونهم خلال التحديات في الحياة.

كانت موسم الزراعة، وكان "كُوما جانكو"، كاهن معروف، يقف أمام ضريح القرية. في يديه، كان يحمل تمثالًا مقدسًا، وهو تمثال منحوت يمثل الأجداد. أمامه كانت هناك قرون الكولا، جرة من نبيذ النخيل، ودجاجة بيضاء نقية. هذه هي "Pwo' Lok Nduo"، تضحية تُؤدى للحصول على بركات الأجداد لموسم حصاد وفير.

الطقس كان دقيقًا: يتم تقسيم قرون الكولا لقراءة إرادة الأجداد، ويتم سكب النبيذ على الأرض كقربان. وعندما تُراق الدماء من الدجاجة، كان القرويون ينشدون: "Fô nya si lô minga'ah"—"الأجداد، امشوا معنا". التضحيات التوسلية متشابكة بعمق مع اعتقاد الباميليكيين بـ "jeng jeng" (إرشاد الأجداد). تؤدى للتأكد من الحماية، طلب البركات، أو الحصول على الوضوح في الأوقات غير المؤكدة.

خلال الفترة الاستعمارية، أصبحت هذه الطقوس أعمال مقاومة صامتة، مؤكدة على استمرارية الممارسات الروحية الباميليكية. الباميليكيون، مثل العديد من المجتمعات الأفريقية خلال الفترة الاستعمارية، اضطروا إلى تكييف ممارساتهم الدينية استجابة للتأثيرات الجديدة. ومع ذلك، لم يتزعزع الاعتقاد الأساسي في

حماية الأجداد. أصبحت ممارسة التضحية التوسلية وسيلة لتعزيز المعتقدات التقليدية في مواجهة الضغوط الخارجية. على سبيل المثال، عندما تواجه أسرة قرارًا كبيرًا——مثل الزواج، أو السفر، أو ولادة طفل——يقدمون هذه التضحية للحصول على بركات الأجداد. الطقس غني بالرمزية، كل فعل يتم بعناية لتعكس جدية الطلب.

الطقس عادةً ما ينطوي على تقديم الطعام، الشراب، أو الحيوانات للأجداد، مصحوبة بالصلاة والدعاء. يُعتقد أن هذه القربان تُرضي الأجداد وتضمن استمرار فضلهم. يُشدد على أهمية هذه الممارسة من خلال اعتقاد الباميليكيين أن عدم احترام الأجداد قد يؤدي إلى سوء حظ أو كارثة. كان هذا الاعتقاد قويًا بشكل خاص خلال الفترة الاستعمارية عندما واجه الباميليكيون التحديين المزدوجين للتكيف مع الممارسات الدينية الجديدة مع الحفاظ على معتقداتهم التقليدية.

التضحية التكفيرية: "Pwo' Lok Sok Ndoh"

التضحية التكفيرية: "Pwo' Lok Sok Ndoh"

التضحية التكفيرية، أو "Pwo' Lok Sok Ndoh"، تمثل محاولة لتنقية الذات أو الجماعة من الخطأ. يتم تقديم هذا النوع من التضحية عادةً بعد ارتكاب خطيئة خطيرة، شبيهة بالقصص التوبة في الروايات التاريخية. خلال الحقبة الاستعمارية، كان إدخال المسيحية والنظم القانونية الأوروبية يشكل تحديًا للمناهج التقليدية في التكفير والعدالة لدى الباميليكيين. ومع ذلك، استمرت التضحيات التكفيرية في لعب دور حاسم في الحفاظ على الانسجام الاجتماعي، عاكسةً المسؤولية الجماعية للجماعة عن المخالفات الأخلاقية.

في التقليد الباميليكي، تعتبر هذه التضحية عملاً جماعيًا، يتضمن جميع

أفراد القرية. تخدم التضحية التكفيرية كاعتراف وطلب للمغفرة، عاكسةً الطبيعة الجماعية للذنب والفداء. التوتر داخل السرد لهذه الطقوس يعكس الضغوط الاجتماعية التي واجهها الباميليكيون خلال الحقبة الاستعمارية، حيث كانت حماية الهوية الثقافية غالبًا تتصادم مع فرض القيم والنظم الأجنبية.

التضحية التكفيرية لها أهمية خاصة في حالات "الموت السيئ"، وهي مفهوم يحمل تداعيات اجتماعية ثقيلة. يُعتقد أن الموت السيئ، مثل ذلك الناجم عن الغرق، أو الانتحار، أو الأمراض الوبائية، يُخل بالنظام الطبيعي ويجلب الحظ السيء للجماعة. في مثل هذه الحالات، تؤدى التضحيات التكفيرية لتنقية الجماعة من الخطيئة المرتبطة بالموت وإعادة تحقيق الانسجام. هذه الممارسة تعكس اعتقاد الباميليكيين العميق في الترابط بين الفرد والمجموعة، حيث يمكن أن تؤثر أفعال شخص واحد على رفاهية الجماعة بأكملها.

التضحيات التكفيرية مثل هذه تخدم كأفعال جماعية من التكفير. إنها تعزز الترابط بين الفرد والمجموعة، عاكسةً الأثير الباميليكي القائل بأن أفعال شخص واحد يمكن أن تت من خلال الجماعة. هذا الاعتقاد، كما قال الشهير "رُوُبن أوم نيوب"، يتطلب الشجاعة: "الحرية لا تُمنح؛ إنها تُخذ. ولكي نأخذها، يجب أن نكون مستعدين لخسارة كل شيء، حتى حياتنا."

أضافت الحقبة الاستعمارية طبقة أخرى من التعقيد لممارسة التضحيات التكفيرية. مع إدخال النظم الدينية والقانونية الجديدة، كان الباميليكيون يضطرون للتنقل في سياق تُنظر فيه الممارسات التقليدية غالبًا بريبة أو عداء واضح من قبل السلطات الاستعمارية. رغم هذه التحديات، استمر الباميليكيون في أداء التضحيات التكفيرية، متكيفين معها لتتناسب مع الإطارين القانوني والديني الجديدين المفروضين من قبل الحكم الاستعماري.

التضحية الشاكرية: "Pwo' Lok Naa Ndak"

التضحية الشاكرية، "Pwo' lok naa ndak"، تُقدم شكرًا للبركات التي تم الحصول عليها. تُؤدى هذه الطقوس في أوقات الفرح، مثل بعد موسم حصاد ناجح أو ولادة طفل. إنها لحظة جماعية للاحتفال، حيث يجتمع المجتمع للتعبير عن شكرهم للأسلاف ولله. خلال الحقبة الاستعمارية، أثرت المسيحية على

طبيعة الطقوس الشاكرية لدى الباميليكيين، حيث تم دمج عناصر مسيحية مع الاحتفاظ بالممارسات التقليدية. هذا التزاوج بين القديم والجديد يعكس الطبيعة التكيفية للثقافة الباميليكية.

التضحيات الشاكرية لها أهمية خاصة في تعزيز العلاقة بين المجتمع والأسلاف. تخدم هذه الطقوس كتذكير بالحضور المستمر للأسلاف في حياة الأحياء ودورهم في ضمان ازدهار الجماعة. يُعتقد أن العروض المقدمة خلال هذه الطقوس تعزز الرابطة بين الأحياء والأموات، مما يضمن استمرار تقديم الحماية والإرشاد من قبل الأسلاف.

خلال الحقبة الاستعمارية، واجهت ممارسة التضحية الشاكرية للباميليكيين تحديات جديدة. فقد جلب إدخال المسيحية عطلات وأعياد دينية جديدة، والتي غالبًا ما تتعارض مع الممارسات التقليدية. ومع ذلك، تمكن الباميليكيون من دمج هذه العناصر الجديدة في طقوسهم الشاكرية، مما خلق مزيجًا فريدًا سمح لهم بالحفاظ على هويتهم الثقافية أثناء التكيف مع المشهد الديني المتغير. التضحيات الشاكرية هي لحظات من الفرح الجماعي والتقدير. إنها تؤكد على الروابط بين الأحياء والأسلاف، محتفلة بوفرة الحياة مع الاعتراف بضعفها.

في هذه الأفعال من الامتنان، جسد المجتمع إيمان "بول سوبو بريسو": "الثروة لا تعني شيئًا إذا لم تكن تخدم الناس. أنا أضحي بثروتي عن طيب خاطر من أجل مستقبل الكاميرون."

دور الأسلاف في المجتمع الباميليكي

في المجتمع الباميليكي، الأسلاف ليسوا مجرد شخصيات من الماضي؛ إنهم مشاركون نشطون في الحاضر، موجهين وحاميين لأحفادهم. هذا المفهوم هو المحور الأساسي لفهم أهمية التضحية في هذه الثقافة. الحقبة الاستعمارية جلبت تحديات لهذه المعتقدات، حيث سعت الفلسفات الدينية الجديدة إلى استبدال

العبادة الأسلافية بعبادة توحيدية. ومع ذلك، تمكن الباميليكيون من دمج هذه المعتقدات الجديدة مع ممارساتهم التقليدية، مما أضمن بقاء الأسلاف في قلب حياتهم الروحية.

التضحيات المقدمة للأسلاف هي وسيلة للحفاظ على هذا الاتصال، لضمان أن الأسلاف يظلون في حالة مواتية تجاه أحفادهم. بدورهم، يقدم الأسلاف الحماية والإرشاد والبركات. استمرار أهمية عبادة الأسلاف، حتى بعد التأثير الاستعماري، يؤكد على صمود الثقافة الباميليكية.

الإيمان بقوة الأسلاف يظهر أيضًا في تقاليد الفنون الباميليكية. النحت المعقد والخزف الخشبي، الأقنعة، والنسيج التي تشتهر بها الباميليكيون غالبًا ما تصور شخصيات أسلافية، رمزًا للتواصل بين الأحياء والأموات. هذه التعبيرات الفنية تعمل كتمثيل مرئي لمعتقدات الباميليكيين الروحية، والتقدير المستمر للأسلاف.

دور الأسلاف في المجتمع الباميليكي لا يقتصر على الأمور الروحية فقط. بل يلعبون دورًا حاسمًا في الحفاظ على النظام الاجتماعي. يُعتقد أن الأسلاف لديهم القدرة على معاقبة المخطئين وتكريم أولئك الذين يلتزمون بقيم المجتمع. هذا الإيمان يعكس في ممارسة التضحية، حيث يتم تقديم عروض للأسلاف لطلب رضاهم وتجنب غضبهم.

أهمية الطقوس في الحفاظ على الانسجام الاجتماعي

الطقوس، مثل التضحيات المذكورة أعلاه، تلعب دورًا حاسمًا في الحفاظ على الانسجام الاجتماعي في المجتمع الباميليكي. إنها وسيلة لحل النزاعات، وطلب المغفرة، والتعبير عن الامتنان. من خلال أداء هذه الطقوس، يعيد الباميليكيون التأكيد على التزامهم بالقيم والتقاليد الثقافية الخاصة بهم، مما يضمن استمرار توجيه حياتهم.

الحقبة الاستعمارية، مع إدخال أفكار دينية وفلسفية جديدة، مثلت تهديدًا لزعزعة هذا الانسجام. ومع ذلك، تمكن الباميليكيون من التكيف من خلال دمج هذه التأثيرات الجديدة مع ممارساتهم التقليدية، مما خلق تكامل ثقافي فريد استمر إلى اليوم. هذه القابلية للتكيف هي شهادة على قوة الثقافة الباميليكية، التي استطاعت الحفاظ على قيمها الأساسية بينما تتنقل بين تحديات الحداثة.

ممارسة التضحية الطقسية هي أيضًا وسيلة لتعزيز الروابط الاجتماعية التي تربط المجتمع معًا. غالبًا ما تكون هذه الطقوس أحداثًا جماعية، حيث يشارك كامل القرية في المراسم. هذا المشاركة الجماعية تخدم في تعزيز الشعور بالوحدة والهوية المشتركة بين الباميليكيين.

بالإضافة إلى الحفاظ على الانسجام الاجتماعي، تخدم التضحيات الطقسية أيضًا كوسيلة لإثبات هوية المجتمع في مواجهة الضغوط الخارجية. خلال الحقبة الاستعمارية، استخدم الباميليكيون هذه الطقوس كوسيلة لمقاومة الوصايا الثقافية والدينية للسلطات الاستعمارية. من خلال الاستمرار في ممارسة طقوسهم التقليدية، تمكن الباميليكيون من تأكيد هويتهم الثقافية ومقاومة محو تقاليدهم.

دمج الفلسفات الجديدة

قدمت الحقبة الاستعمارية ليس فقط ممارسات دينية جديدة، بل أيضًا أفكارًا فلسفية جديدة أثرت على الفكر الباميليكي. كانت المفاهيم الغربية مثل الفردية، الرأسمالية، والمسيحية بمثابة تضاد صارخ مع الفلسفات الجماعية والروحية التي كانت تحكم المجتمع الباميليكي منذ فترة طويلة. تطلبت هذه الأفكار الجديدة نوعًا من التكيف، حيث سعى الباميليكيون لدمجها في الإطار الثقافي القائم لديهم دون أن يفقدوا هويتهم.

كانت التحديات الفلسفية الرئيسية تتمثل في مفهوم الغرب عن الحياة الآخرة، الذي يختلف عن المعتقد الباميليكي في الحضور المستمر والتأثير للأنساب. ركزت المسيحية على ثنائية الجنة والجحيم، بينما كان الباميليكيون يفهمون الحياة الآخرة كاستمرار للحياة الجماعية، حيث ظلت الأنسباء متصلة بالحياة. استجاب الباميليكيون بدمج هذه الأفكار، مُدرجين الجنة المسيحية في مفهومهم للعالم الأنسي، مما يضمن أن تكون معتقداتهم ذات صلة في المشهد الديني المتغير (Mount Cameroon إلى Cape Lopez: The Cameroon and Gabon Coasts and their Hinterlands - pg.421).

غالبًا ما تُنظر إلى الطقوس الأفريقية من قِبل الغربيين على أنها غير منطقية أو غير ضرورية، في حين أن أشكال التذكير الخاصة بهم تخدم نفس الغرض. بُصورة ساخرة، يمكن أن تُشبه الطقوس الدينية في المجتمعات الأفريقية - تقديم الطعام، الشراب، والصلاة للأنساب - الطقوس الغربية من أجل التذكر، مثل وضع الزهور على القبور، عقد خدمات التذكر أو تخصيص مساحات عامة للجنود القتلى.

تبدو الطقوس الباميليكية، غالبًا ما تُفهم من قبل الغرباء، متشابهة بشكل لافت للنظر مع التقاليد الغربية. يوم المحاربين القدامى، خدمات التذكر، وحتى عهود الزواج، تشترك في نفس الغرض الأساسي: تعزيز الذاكرة الجماعية والهوية الثقافية. ومع ذلك، بينما تعزز المجتمعات الغربية التذكر من خلال المؤسسات، تُجسده الطقوس اليومية الباميليكية، مما يضمن أن الأنسباء يظلون حاضرين في الحياة.

تصريحات Félix-Roland Moumié العميقة تصدق هنا: "يمكن للقوى الاستعمارية أن تأخذ حياتي، ولكنها لا تستطيع أن تأخذ أحلامنا من أجل الحرية." هذا الحلم يعيش في طقوس التذكر والتضحية الباميليكية.

امتدت أيضًا تأثيرات الفلسفة الغربية إلى الفنون، حيث بدأت الأنماط التقليدية الباميليكية في دمج عناصر من الجمالية الأوروبية. يعكس هذا المزج من التقاليد الفنية التكامل الثقافي الذي حدث خلال الفترة الاستعمارية. رغم هذه التغيرات، ظلت جوهر الفلسفة الباميليكية - التي تركز على أهمية المجتمع، الاحترام للأنساب، وأهمية الطقوس - كما هي.

الإرث المستدام للتضحية الباميليكية

في الختام، يعتبر مفهوم التضحية في المجتمع الباميليكي معقدًا ومتعدد الأوجه، وهو يتأصل بعمق في معتقدات الثقافة حول الأنسباء ودورهم في حياة الأحياء. جلبت الحقبة الاستعمارية تغييرات عميقة، حيث قدمت ممارسات دينية وفلسفية جديدة أثرت على المعتقدات التقليدية. ومع ذلك، نجح الباميليكيون في التنقل ببراعة عبر هذه التغيرات، حيث قاموا بتكييف بعض الجوانب ورفض آخرين، مما ساعدهم في الحفاظ على هويتهم الثقافية.

يبقى استمرار أهمية التضحية وعبادة الأنسباء في الثقافة الباميليكية شهادة على صمود هذه التقاليد، التي استمرت رغم تحديات الحداثة. اليوم، يستمر الباميليكيون في ممارسة هذه الطقوس، مدمجين المعتقدات التقليدية مع التأثيرات الجديدة لإنشاء تكامل ثقافي فريد يعكس تاريخهم الغني وهويتهم المعقدة.

المراجع:

1. Chapitre 18 - African Religion, Art, and Thought in the Colonial Era

2. Mount Cameroon to Cape Lopez: The Cameroon and Gabon Coasts and their Hinterlands - pg.421

3. Ethnicity and Nationalism - pg.579

4. KIZERBO, J. - "Le sacrifice a une valeur extraordinaire dans ces religions…"

5. LUFULUABO, F.M. - Vers une théodicée bantoue.

6. SIMO Gabriel - Education et Liberté chez les Semi-Bantous du Cameroun.

الفصل السادس

المواقع المؤسسية للتضحية والرسوم المعينة

في الثقافة الغربية، غالبًا ما تتجاوز مظاهر التدين الاجتماعي والعام الممارسات الدينية الفردية والمنزلية. أدى هذا الاتجاه إلى بناء الكنائس والكاتدرائيات المبكرة، المصممة خصيصًا لاستضافة الطقوس. في المقابل، تُعرف الديانة الأفريقية التقليدية، خاصةً بين الباميليكيين، بقلة وجود المعابد المبنية بشكل صريح للعبادة - سواء كانت منزلية أو عامة. هذه الغياب ليست عيبًا بل هي تعبير عميق عن الرؤية الباميليكية للعالم، حيث يتغلغل الإله في كل جانب من جوانب الوجود.

6.1 الكون كمعبد: منظور فلسفي

بالنسبة للباميليكيين، لا يقتصر الإله على جدران الحجر أو أسقف الخشب؛ بل هو موجود في كل مكان، مندمج في نسيج الكون ذاته. هذه النظرة اللاهوتية تعكس فهمًا عميقًا للإله باعتباره متجاوزًا ولكنه مرتبط بشكل وثيق

بالعالم من حولهم. بناء منزل للإله، في نظرهم، سيكون محاولة لتحديد وحصر الإله - وهو مفهوم يتناقض مع اعتقادهم بطبيعة الإله اللا محدودة. هذا ما يُسمى الجغرافيا المقدسة - الأماكن المشبعة بالقوة الروحية والذاكرة الأسلافية. التلال، الغابات، والجداول ليست مجرد ميزات طبيعية؛ بل هي علامات على التفاعل الإلهي مع العالم الأرضي. هذه المواقع تعمل كملاذات حية حيث تتناغم الطقوس مع النظام الكوني.

أسر هذا الفلسفة Albert Mukong عندما قال: "مؤسساتنا ليست الطوب والملاط؛ إنها روح شعبنا المتحدة في الغاية." هذا الفلسفة يُبرز لماذا لا يُعطي الباميليكيون الأولوية للمباني المعمارية الكبرى للعبادة. بدلاً من ذلك، تكون تقديساتهم متأصلة في الأنماط الدورية للطبيعة والأهمية النسبية للمواقع داخل منطقتهم.

العبارة "’à wɔ̀ɔ̀ndɛ̀ mɛ̀’ kɛ̆" (التلة الآلهة) تعكس هذه الجغرافيا المقدسة. قد تستضيف مثل هذه التلة الطقوس الحرجة أو تعمل كمنطقة تجمع خلال الأوقات الحرجة. ليست أهميتها في شكلها الفيزيائي ولكن في دورها كجسر بين العالم المادي والروحي. على نفس المنوال، المسارات المميزة بـ "nà nù mbɔ̌ ŋ ɛ̌ nkà" (مسار الأسلاف) تتضمن الذاكرة الجماعية، رابطًا الأجيال الحاضرة بحكمة أسلافهم.

هذه التقديس للطبيعة يظهر في نهج الباميليكيين المقدس، حيث يُنظر إلى الكون كله كمعبد عظيم. حرارة الشمس الأفريقية الشديدة، اتساع السماء المفتوحة، الأشجار الشاهقة، والمياه المتدفقة - كلها عناصر مقدسة تساهم في ملاذ حي، أكثر روعة من أي هيكل مصنوع من الإنسان. العالم الطبيعي، بدوراته الدورية وجماله اللامحدود، يصبح الإعداد المثالي للتواصل مع الإله، حيث كل طقوس هي فعل منسجم مع الكون.

يُجسد هذا الشعور الشامل للتقديس حين يكتب André Segue: "الكاميرونيون، في منطقهم في تصور الله، لم يستطيعوا بناء المعابد والكنائس: منذ أن الحياة كلها مشبعة بالقداسة، لم تكن المباني الدينية ضرورية، بل ينبغي القول حتى أن الكون كله الذي يتحرك فيه الكاميروني هو المعبد الذي يلتقي فيه مع الله." هذا النهج الشامل للتقديس يُبرز التداخل بين كل الأشياء، حيث لا يُحبس الإله في مكان واحد ولكنه حاضر في كل جانب من جوانب الحياة.

6.2 تقاطع الطبيعة والطقوس

العالم الطبيعي في ديانة الباميليكيين حي بوجود الإله. كل بستان مقدس، شجرة عتيقة، وصخرة متآكلة تشكل نقطة اتصال بين المادي والإلهي. هذه الأماكن المقدسة هي التي يجد فيها الباميليكيون مركزهم الروحي، ويؤسسون طقوسهم في العالم الحي من حولهم.

تعمل المعالم الطبيعية كنقاط محورية لطقوس الباميليكيين. على سبيل المثال، تعتبر البساتين المقدسة أماكن يقيم فيها الأرواح، وغالبًا ما يُحظر الوصول إليها إلا للكهنة أو قادة الطقوس. تقف الأشجار مثل الإروكو والباوباب كشهود صامتين على قرون من الصلوات والتضحيات. وقد وصفت مامي بيسو'o هذه الأماكن ذات مرة بأنها "القلب النابض لصلتنا بالأسلاف، حيث توجيههم لنا في أوقات الشك."

كانت مامي بيسو'o عرافة كانت نبوءاتها توجه الملوك والمحاربين في اتخاذ قرارات حاسمة. كانت رؤاها، التي يُعتقد أنها مُلهمة من الأسلاف، تحظى

بتقدير كبير في وقت كان يشهد زيادة في عدم اليقين وتغير ديناميكيات القوة في المنطقة. غالبًا ما كان نصح بيسو'o يحدد توقيت المعارك، واختيار القادة، والموقع الاستراتيجي للقرى لتجنب الصراعات.

لقد أكسبتها بصيرتها في شؤون الحرب والدبلوماسية احترامًا واسعًا، مما عزز مكانتها كإحدى أكثر الشخصيات تأثيرًا في التاريخ الروحي للباميليكيين. من خلالها، أعاد الباميليكيون التأكيد على اتصالهم بعالم الأرواح، الذي لعب دورًا حيويًا في مرونتهم وقدرتهم على التكيف. وقد تم توثيق حياتها في التقاليد الشفوية والتواريخ الإقليمية التي جمعها مؤرخون أفارقة مثل أ.ت. نزونغولا-نتالا.

أثناء الاضطرابات الاستعمارية، أصبحت هذه المواقع حاسمة للمقاومة. الاجتماعات السرية التي كانت تُعقد داخل البساتين لم تحمي الطقوس الروحية فحسب، بل أيضًا خطط الثورة. كلمات ثيوفيل مبيدا تتردد هنا: "القيادة هي خدمة، والخدمة هي التضحية بالنفس من أجل مصلحة الأمة." هذه التجمعات كانت تمزج بين الروحي والسياسي، مما يعيد التأكيد على الروابط المجتمعية ضد القوى الخارجية.

الأرض التي تحت أقدامهم تنبض بالحياة، وفي هذا العالم الحي يُؤسس الباميليكيون أماكن عبادتهم. هذه المواقع ليست مجرد مواقع؛ بل هي أماكن مقدسة حيث تتداخل الحدود بين العوالم المادية والروحية، مما يسمح بالتواصل المباشر مع الإله.

6.3 العائلة والزعامة: مرساة الطقوس والتقاليد

تتداخل الممارسات الدينية للباميليكيين بشكل عميق مع هياكل العائلة والزعامة. فهذه المؤسسات ليست مجرد بنى اجتماعية؛ بل هي الأوعية الحية التي من خلالها يتم الحفاظ على التقاليد وتمريرها. إنها تعمل كمرساة للمجتمع الباميليكي، حيث توفر الاستقرار والاستمرارية في عالم يتغير باستمرار.

في أسر الباميليكيين، يُعتبر الملاذ العائلي مكانًا مقدسًا. وعادة ما يكون هذا المكان موجودًا في ملكية رئيس الأسرة، حيث يحتوي على آثار مثل جماجم الأسلاف أو قطع أثرية رمزية. هذه الأشياء ليست مجرد بقايا، بل هي قنوات لقوة الأسلاف. الطقوس التي تُؤدى هنا تقوي الروابط العائلية وتضمن الحماية عبر الأجيال.

يتمثل "نْوُون بْوُو’’" (’Nwon Pwo) في الكاهن العائلي الذي يجسد هذه الواجبات المقدسة. كما أشار ثيوفيل مبيدا (Théophile Mbida) قائلاً: "مستقبل الكاميرون لا يعتمد على نزوات القادة، بل على مرونة شعبه." وبالمثل، يضمن "نْوُون بْوُو’’" مرونة العائلة من خلال التوسط بين الأحياء وأرواح الأسلاف، مما يبقي العائلة متجذرة في التقاليد.

6.3.1 ملاذ العائلة: ميراث مقدس

العائلة هي قلب مجتمع الباميليكيين، وداخل هذه الوحدة، يُعتبر عبادة الأسلاف من أولويات الأمور. يُعتبر ملاذ العائلة، الذي يقع غالبًا في ملكية رئيس الأسرة، حلقة وصل مادية بين الأحياء والأسلاف. هنا، تُؤدى الطقوس لتكريم من رحلوا، مما يضمن أن تظل العائلة تحت حماية وإرشاد أسلافهم.

ملاذ العائلة ليس مجرد مكان مادي—بل هو مشبع بأهمية روحية. يتولى "النابوو’’" (’Naapwo)، الذي يُختار من بين أفراد الأسرة، دور "الذي يقدّم القرابين"، وهو شخصية تحتل مكانة فريدة ومُحترمة داخل هيكل الأسرة. وتتمثل واجباته في الحفاظ على الصحة الروحية للأسرة، وأداء الطقوس التي توحد الأجيال.

6.3.2 الزعامة: نبض القرية

تُعتبر الزعامة المركز المحوري لحياة مجتمع الباميليكيين. فهي المكان الذي تُقام فيه أهم الطقوس، حيث يجتمع أفراد القرية للاحتفال، الحداد، وطلب الإرشاد. الزعامة ليست مجرد مقر إقامة الرئيس؛ بل هي القلب النابض للمجتمع.

في الزعامة، يؤدي الـ "Puo'la" (بوولا)، وهم الكهنة الذين يخدمون القرية، الطقوس لتكريم الأسلاف المؤسسين. هذه الطقوس ضرورية للحفاظ على التوازن الروحي للقرية، وضمان استمرار الأسلاف في حماية وإرشاد أحفادهم. لا يمكن التقليل من دور الزعامة في هذه المراسم؛ فهي المكان الذي يلتقي فيه الماضي، الحاضر، والمستقبل، حيث تُنقل حكمة الأسلاف إلى الأجيال الجديدة. وكما قال Samuel Nguiffo (صامويل نغيفو): "يجب أن تعكس مؤسساتنا كرامة شعبنا، وليس رغبات المستعمر." الزعامة تقف كمعقل لكرامة الباميليكيين، حيث تضمن طقوس التذكر والتجديد السيادة الثقافية.

6.4 البوولا: حُماة التقاليد

البوولا 'Puola ليسوا مجرد شخصيات دينية؛ بل هم حُماة التقاليد وحملة شعلة الإرث. هؤلاء الكهنة يحملون على عاتقهم عبء الحفاظ على السلامة الروحية للقرية، وضمان استمرار الطقوس والمراسم التي دعمت الباميليكيين عبر الأجيال دون انقطاع.

يتولى البوولا مسؤولية الحفاظ على النار المقدسة في الكوخ الأسري، حيث تُحفظ جماجم الأسلاف المؤسسين للقرية. هذه النار ليست مجرد رمز؛ بل هي صلة حية بالأسلاف، وتذكير باستمرارية الحياة وأهمية تكريم من سبقونا. الطقوس التي يؤديها البوولا ليست مجرد شكليات، بل هي أفعال ذات دلالة عميقة تُبقي المجتمع متجذرًا في تقاليده.

كما عبّر Antoine Tankwe (أنطوان تانكوي) ببلاغة: "ندرك الأهمية الاستثنائية للزعامة في مؤسسات قرية الباميليكي. فهي اجتماعية، ثقافية، ودينية. إنها المكان الذي تُقام فيه أعظم مظاهر هذا الطقس... قد تستمر عملية التجديد الثقافي من خلال الفعل الديناميكي للـ Kamsi (كامسي) أو Magnes

(ماغنس) لأسابيع، بناءً على الأهمية العددية لسكان القرية أو العشيرة." هذا يسلط الضوء على الدور الحيوي الذي تلعبه الزعامة في الحفاظ على سلامة الباميليكي الثقافية والروحية.

6.5 تنصيب الـ "نوون بوو": طقس الاستمرارية

يُعتبر تنصيب الـ 'Nwon Pwo (نوون بوو)، الكاهن العائلي المسؤول عن الحفاظ على اتصال الأسرة بأسلافها، واحدًا من أهم الطقوس في مجتمع الباميليكي. مستلهماً من أسلوب Sanderson (ساندرسون) في إقامة مراسم درامية ومؤثرة عاطفيًا، يُعد هذا التنصيب تأكيدًا قويًا على التزام الأسرة بإرثها ومسؤوليتها تجاه الأجيال القادمة.

يتسم الحفل برمزية غنية، بدءًا من الأدوات المقدسة المستخدمة في الطقس وصولًا إلى الكلمات التي ينطق بها القائم على المراسم. قرن الجاموس، قرعة زيت النخيل، وغصن الـ Kéken (كيكن) ليست مجرد أشياء مادية؛ بل هي محملة بالآمال، والصلوات، والقوة الروحية للأسرة. وعندما يُمسح الـ 'Nwon Pwo ويبدأ دوره الجديد، يحمل على عاتقه ثقل الأسلاف وتوقعات الأحياء.

"ليكن الله أمامك وخلفك. ليجعل عينيك مفتوحتين، وأذنيك صاغيتين، وفمك ناطقًا؛ من هذا اليوم فصاعدًا، تصبح لساننا، أعيننا، وآذاننا أمام أسلافنا والله. كن الحرفي النزيه للسلام، والمحبة، والتفاهم بيننا. كن لنا كالدجاجة التي تجمع فراخها تحت جناحيها عند قدوم العاصفة. ليمنحك الله ثروة الرحمة تجاه جميع الناس. كن صبورًا مع الجاهل، ومتسامحًا مع الشرير. شجّع التوبة بين غير التائبين؛ وليُلهمك الله دائمًا بالكلمات الصحيحة، تلك التي تجمع وتوحد الناس. كن الجسر بيننا وبين الله؛ وليمنحك الأسلاف القوة، والصحة، وطول العمر في خدمة إخوتك."

الكلمات التي تُنطق خلال تنصيب الـ 'Nwon Pwo ليست مجرد عبارات احتفالية؛ بل هي عهد مقدس، عقد ملزم بين الكاهن، الأسرة، والإلهي.

فالـ 'Nwon Pwo' ليس مجرد شخصية دينية؛ بل هو قائد روحي، ومُعالج، ومرشد، مسؤول عن الحفاظ على التوازن الدقيق بين الأحياء والأموات، المرئي وغير المرئي.

يصبح الـ 'Nwon Pwo' الناطق باسم الأسرة أمام الأسلاف، مجسدًا كلمات Mbida (مبيدا): "أن تقود يعني أن تخدم، وأن تخدم يعني أن تضحي."

ثيوفيل أبيغا مبيدا، المعروف بمودة باسم "الدكتور"، كان لاعب كرة قدم وسياسي كاميروني بارز. عُرف بذكائه في الملعب، حيث لعب كلاعب وسط وأسهم بشكل كبير في تاريخ كرة القدم الكاميرونية. وبعد اعتزاله كرة القدم في عام 1987، دخل مبيدا عالم السياسة، حيث شغل منصب عمدة المنطقة السادسة في ياوندي، مُساهمًا في تطوير مجتمعه.

6.6 التضحية: قلب العبادة الباميليكية

التضحية ليست مجرد فعل طقوسي؛ إنها جوهر العبادة في ثقافة الباميليكي. من خلالها يتواصل الأحياء مع الأسلاف، لضمان استجابة صلواتهم وتلبية احتياجاتهم. كل تضحية، سواء تضمنت حيوانًا أو قربانًا رمزيًا، تُعتبر عملًا روحانيًا عميقًا يعزز الروابط بين الأجيال.

تتجلى أهمية التضحية في الاختيار الدقيق للأضحيات. يُنتقى كل حيوان أو قربان بناءً على قيمته الرمزية، لضمان تحقيق الغرض المنشود من الطقس. الطقوس المحيطة بالتضحية معقدة ومتجذرة بعمق في التقاليد، حيث يُصمم كل خطوة فيها لتكريم الأسلاف وضمان بركاتهم.

في ثقافة الباميليكي، لا تُعد التضحية مجرد واجب ديني، بل هي تعبير عميق عن الامتنان والتقدير. تقديم الماعز، الدجاج، أو حتى عنصر رمزي هو وسيلة للاعتراف بدور الأسلاف في حياة الأحياء والسعي لحمايتهم وإرشادهم المستمر.

كل تضحية تُقام في الأماكن المقدسة تُعد فعلًا يُجسد الذاكرة. عندما تُقدّم القرابين في الغابات المقدسة أو المزارات، يُجدد الفعل القوة الروحية لهذه

الأماكن. كما قال Mukong (موكونغ): "نحن نبني اليوم ليقف الأجيال القادمة شامخة." كل طقس، وكل صلاة، يضمن بقاء إرث الأسلاف قوة حية.

على سبيل المثال، قامت Mafo Ngassa (مافو نغاسا)، حارسة المزارات المقدسة، بتأسيس تدريب الكاهنات الشابات. وبذلك، لم تخلق فقط سلالة من القادة الروحيين، بل حافظت أيضًا على قدسية الأماكن الطقوسية. يُعد عملها شهادة على إيمان الباميليكي بأن القيادة الروحية هي فعل تمكين جماعي.

6.7 الخاتمة: قوة التقاليد الراسخة

يتضح أن الممارسات الدينية للباميليكي ليست مجرد طقوس بل هي أسلوب حياة، ووسيلة للحفاظ على التوازن الدقيق بين العالمين المادي والروحي. تُعد العائلة وزعامة القرية الركائز التي تثبّت هذا التوازن، موفّرة البنية والاستقرار اللازمين لمواجهة تعقيدات الحياة.

ورغم تغير الأزمنة والتأثيرات الخارجية، ظل الباميليكيون متمسكين بتقاليدهم، مستمدين قوتهم من أسلافهم والعالم الطبيعي المحيط بهم. طقوسهم ومراسمهم ليست بقايا جامدة من الماضي، بل هي ممارسات حيّة ومتحوّلة تستمر في دعمهم في الحاضر.

غالبًا ما تُصور وسائل الإعلام الغربية الأماكن المقدسة الأفريقية على أنها قديمة وبالية، بينما تُرفع الأماكن الدينية والمؤسسات الغربية، كالمعابد والآثار الوطنية، إلى مكانة رفيعة. في المقابل، تُعد الأماكن المؤسسية في المجتمعات الأفريقية، مثل المعابد، مواقع الدفن، والغابات المقدسة، نقاط ارتكاز لعبادة الأسلاف. كلا النوعين يؤدي دورًا مشابهًا؛ حيث يلتقي الناس لتقديم احترامهم للماضي.

بعض الأماكن تُعتبر ذاكرات حيّة، تحتفظ بتاريخ وهوية المجتمع. المناظر الطبيعية نفسها تتحول إلى مستودعات للقصص، والأنساب، والأحداث الهامة.

العبارة "nà nù mbǒ ŋ ɛ̌ nkà"، والتي تعني "طريق الأجداد"، لا تصف مجرد مسار مادي، بل رحلة عبر الذاكرة، حيث يُذكّر كل خطوة بالأجداد الذين ساروا هناك من قبل. إنها طريقة للتعبير عن أن الفعل المادي للمشي على هذا الطريق هو أيضًا فعل تذكّر وتكريم للماضي.

الفصل السابع

المواد والطقوس المتعلقة بالتضحية

7.1 مفهوم تقديم NGYEMBA

في قلب تقاليد Ngyemba، تتجاوز التضحية الفعل العادي للعطاء؛ إنها لحظة مقدسة يتقاطع فيها الزمن. يلتقي الماضي، الحاضر، والمستقبل في "الحاضر الممتد" (nù nùtɛ̂)، مُشكّلةً جسراً بين الأحياء والأسلاف. تعمل القرابين، سواء كانت نباتية أو حيوانية، كوسائل لهذا الحوار، حيث تحمل أصداء حكمة الأسلاف وبذور البركات المستقبلية.

تُعبّر لغة Ngyemba عن جوهر هذا الفعل المقدس من خلال ثلاثة مصطلحات مميزة:

- **Nwon:** وتعني الوضع بعناية واحترام، كما لو كان المرء يتعامل مع قطعة من روحه..

- **Naa:** وتعني إعطاء ما هو مستحق، مع الاعتراف بالمكانة الشرعية للأسلاف كحماة للعائلة..

- **Ngwa'a:** وتعني الرمي بازدراء، وهو مصطلح يحمل دلالة الإهمال ويُعتبر من المحرمات في الفعل المقدس للتضحية..

يعبر مصطلح nwon عن الاحترام العميق والتقدير الذي توضع به المواد المقدسة على مذبح الأجداد. هذا التصرف ليس مجرد تقديم، بل هو مناجاة عميقة للحصول على البركات الإلهية—الصحة، والسلام، والازدهار، والرفاهية العامة للأسرة.

تعود هذه الممارسات إلى جذور عميقة في ماضي Ngyemba العريق. برز مصطلح naa خلال فترات المشقة الكبيرة، عندما كانت القرابين أقل تركيزاً على التبجيل وأكثر اهتماماً بضمان الحماية المستمرة للأسرة. أما استمرار استخدام ngwa'a في مفردات الطقوس، فيعكس فترة تحولات ثقافية، عندما بدأت الأجيال الشابة بالابتعاد عن جذورها، مما دفع الشيوخ إلى استعادة الاحترام لهذه الطقوس المقدسة.

مذبح التضحية، الذي يكون عادة ترتيباً بسيطاً من الأحجار المصقولة بالقرب من جماجم الأجداد، يُعد رابطاً ملموساً بالماضي. تُغطى هذه الأحجار بزيت النخيل، ويُعتقد أنها تُوصّل أرواح الأجداد أثناء تقديم القرابين. عندما تُقبل القربان—ويُستدل على ذلك بعدم اقتراب الطيور أو النمل منها، أو عدم ظهور شخص غريب بشكل غير متوقع—يُعتبر ذلك علامة رضا الأجداد. ومع ذلك، إذا لم تظهر هذه العلامات، يُعتقد أن الأجداد غير راضين، وعادةً ما يكون ذلك بسبب جودة الهدايا أو نوايا مقدمها.

تُؤدى الطقوس خلال دورات زمنية مقدسة، مثل "mɛ̀tà nɛ̌ mbà' à lɔɔ́ndɛ̀ mɛ̀" والتي تعني "الوقت الذي تسير فيه الأرواح بيننا". تذكّر هذه الفترات شعب Ngyemba بالطبيعة الدورية للوجود، حيث يتردد صدى كل لحظة بأفعال الأجداد وتصورات المستقبل.

Pierre Essomba عبّر عن جوهر هذه العلاقة بقوله: "الأرض التي نقف عليها مقدسة، وكذلك الأدوات التي نستخدمها للدفاع عنها." تصبح المواد المختارة—مثل زيت النخيل، ونبيذ الرافيا، والحيوانات—وسائط للحفاظ على التوازن الكوني.

يتميز شعب Ngyemba بتقاليد غنية في تقديم القرابين، حيث لديهم ما لا يقل عن خمسة عشر نوعاً من القرابين، رغم أنه يتم تفصيل الأنواع الأكثر أهمية فقط هنا: الملح، زيت النخيل، نبيذ الرافيا، السمك، الفجل، دقيق الذرة، الفستق (nji)، الفطر ('pwo)، الدواجن، الماعز، والخراف. تحمل كل قربان معانٍ رمزية، غالباً ما تكون متجذرة في الأساطير والحكايات التي تناقلتها

الأجيال.

ترمز الحيوانات المستأنسة، التي غالباً ما تُختار للتضحية، إلى الارتباط العميق بين البشر والعالم الروحي. ووفقاً لأساطير Ngyemba القديمة، فإن هذه الحيوانات تركت عالمها الطبيعي على مضض للدخول إلى عالم البشر—تحول ينعكس في دورها كضحايا للقرابين. من خلال هذه القرابين، يقدم البشر رمزياً جزءاً من أنفسهم للقوى غير المرئية، اعترافاً باعتمادهم عليها.

من بين القرابين الحيوانية، تتمتع الدجاجة بمكانة خاصة. مكانتها العالمية كحيوان للتضحية، مستخدمة من قبل البدو والمستوطنين على حد سواء، تعكس قيمتها الدينية العميقة. بساطتها، وسهولة تربيتها، والتقسيم الطبيعي لجسدها إلى أجزاء مميزة، تجعلها قرباناً مثالياً. ولكن إلى جانب صفاتها الجسدية، يُعتقد أن للدجاجة صلة غامضة بالزمن. صياح الديك عند الفجر، وهي لحظة ذات أهمية عميقة في المناطق الاستوائية حيث يتميز الليل والنهار بوضوح، يربط الدجاجة بالإيقاعات الكونية التي تحكم الكون.

تقديم الدجاجة هو بالتالي فعل انسجام مع هذه الإيقاعات، وإظهار للإيمان وارتباط عميق بدورات الزمن.

"الدين الأسلافي يتخلل جميع جوانب الحياة—الفردية، العائلية، الاقتصادية، الاجتماعية، والسياسية—إلى درجة يصعب فيها العثور على مجال دنيوي خالص في الثقافة الأفريقية دون الإشارة إلى الدين."

كلمات Ernest Ouandié تصدح هنا: "قد يأخذون جسدي، لكن روحي ستبقى في غابات وجبال الكاميرون." الحيوانات المقدمة كقرابين تجسد هي الأخرى روابط روحية أبدية.

يحمل زيت النخيل، والفستق (nji)، والفطر ('pwo) معاني خاصة. هذه القرابين، المخصصة للأشخاص المرموقين، تسلط الضوء على التسلسل الهرمي الاجتماعي وتكريم الأجداد. حلاوة زيت النخيل ترمز إلى الوحدة، بينما يُعتقد أن الفطر 'pwo، الذي يُجمع في ضوء القمر، يستحضر غموض الزمن المقدس.

أوسيندي أفانا عبر عن هذا الترابط بقوله: "حياتنا ليست سوى أدوات تُستخدم في خدمة التحرير." تقدمات النبات تربط المجتمع بالعالمين الروحي

والمادي.

من بين التقدمات النباتية، يبرز اثنان بشكل خاص: Nji (الفستق) وpwo' (نوع من الفطر النادر). يُخصص Nji للأفراد ذوي المكانة العالية، مثل الأجداد، والرؤساء، والتوائم، بينما يُخصص pwo' للأشخاص المرموقين بنفس القدر.

عندما يُقدم القربان كنوع من الشكر للأجداد، غالباً ما يكون الماعز هو الضحية المختارة، مما يرمز إلى مشاركة الأجداد في بركات الأسرة. هذا صحيح بشكل خاص في حالة الزواج، حيث يمثل الماعز المُضحى به نصيب الأجداد من المهر. يُستخدم زيت النخيل، رمز الحلاوة، في جميع القرابين لتهدئة أرواح الأجداد.

7.3 الصلاة

الصلاة عنصر لا غنى عنه في الحياة الدينية للمجتمع النجييمبا، وهي منسوجة في نسيج كل طقس وذبيحة. إنها حوار مستمر مع الإله، حيث تُعبَر كل حركة بإحساس روحي عميق. على عكس الممارسات الدينية الغربية التي تخصص لحظات محددة للصلاة، فإن المجتمع النجييمبا يعتقد أن كل حياة الإنسان هي عمل عبادة مستمر. ترافق الصلوات كل ذبيحة، مما يعكس الأبدية الدورية لروحانية المجتمع النجييمبا. هذه الأدعية لا تقتصر على لحظات معينة، بل تُنسَج في كل فعل، مما يعزز حضور كل شيء (nù nùtɛ̂).

يمكن تتبع هذه العقيدة إلى أجداد المجتمع النجييمبا، الذين عاشوا في وعي دائم بحضور الآلهة. بالنسبة لهم، كان الإله دائم الحضور، وهو يرشد كل حركة واتخاذ قرار. تكون الأدعية المقدمة خلال الذبائح شخصية للغاية، وغالبًا ما تأخذ شكل دعوات إلى الأجداد، مصحوبة بإيماءات معينة تعكس معناها.

"إذا سمح الله"، سيقول شخص ما بعد اتخاذ قرار، أو وعد، أو التزام. الإله أيضًا هو المفتاح للمواقف الصعبة وهو مصدر جميع الأحداث السعيدة التي لا يعترف المجتمع الباميليك بأنفسهم كأصحابها الوحيدين. في جميع هذه الحالات، ولكن أيضًا إذا تجنبوا أو نجو من الشدائد، فإنهم لا يعزون النتائج التي يلاحظونها إلى ذكائهم الشخصي؛

الدعاء يعكس الفلسفة الزمنية للأجداد في المجتمع الباميليك. كل دعاء هو

فعل تذكر، اتصال وتجديد. غالبًا ما يرى شعب الباميليك الماضي، ولا سيما زمن الأجداد، كجزء مؤثر ومؤثر في الحاضر. قد يشمل مفهوم الزمن ارتباطًا قويًا بـ "زمن الأجداد"، الذي يؤثر على القرارات الاجتماعية الحالية والممارسات. عبارة مثل "مـبَّعِ وو كـيُّ كَـيُّ مـوَّ كَـيِّ"، بمعنى "كلمات الأجداد ما زالت حية"، تبرز أن الكلمات التي تحدث بها الأجداد تتجاوز الزمن، محتفظة بأهميتها عبر الأجيال. هذا التحدي للفكر الغربي للتقادم، حيث يُنظر غالبًا إلى الأفكار كقيود على عصرها.يُعبَرون عن دهشتهم بتعليقات مثل: ‘nga pinsi’ (= أشكر الله) - ‘Si é die al’ (= الله لا ينام) - ‘Si bâ’ bwae’ (= الله موجود).” (7).

تُعبر الصلوات عن فلسفة الزمن الأسطوري في مجتمع الباميليك. كل صلاة هي فعل تذكر، اتصال وتجديد. غالبًا ما ينظر مجتمع الباميليك إلى الماضي، خاصةً زمن الأجداد، كجزء مهم ومؤثر من الحاضر. قد تتضمن فكرة الزمن ارتباطًا قويًا بزمن الأجداد، الذي يؤثر في القرارات الاجتماعية الحالية. تعكس العبارة مثل “mbà’ wò’ kɛ́ɛ́ mɔ̀’ kɛ̌,” بمعنى “أحاديث الأجداد لا تزال حية”، أن الكلمات التي قالها الأجداد تتخطى الزمن، مُحافظةً على فعاليتها عبر الأجيال. هذه الفكرة تتحدى المفهوم الغربي للعتيقة، حيث يُنظر إلى الأفكار غالبًا على أنها مقيدة بفترة زمنية معينة.

هذه الفكرة تكمل ما كتبه لويس ألتوسير(Louis Althusser)، “الإيديولوجيا تُمثل العلاقة الخيالية للفرد مع شروط وجوده الحقيقية.” هذه الاقتباس ينتقد الطريقة التي تفرض بها الأنظمة السائدة، بما في ذلك القوى الاستعمارية، الروايات الزائفة التي تُخفي الحقائق المادية للاستغلال والاضطهاد، مما يجعلها ذات صلة بخطاب ما بعد الاستعمار.

7.3.1 تصالح أعضاء السلالة

عندما تجتمع السلالة لاستحضار الأجداد، يكون الجو مشحونًا بالرهبة والجلال. يحمل القائم على الطقوس دجاجة بيضاء على كتفيه، ترمز إلى النقاء والصدق المطلوبين لهذا الطقس. يُذكر الحاضرون بجدية المناسبة، ويُحث كل عضو على التحدث بصدق، حيث إن أدنى نفاق قد يجلب لعنة عليهم.

"تمامًا كما لا يمكن للدجاجة البيضاء أن تختبئ من الصقر،
لا يمكن للإنسان أن يختبئ أو يهرب من أعين الأجداد، وخصوصًا
خالق كل الأشياء. دع كل شخص، من خلال اعترافه الصادق بسلوكه،
يكشف كل شيء أمام الأجداد والخالق، تمامًا كما تكشف الدجاجة
البيضاء نفسها أمام الصقر. بالإضافة إلى ذلك، ما فائدة الاختباء، إذ إنه
بعد الحريق في الغابة، يصبح كل شيء واضحًا، حتى الأحجار
المدفونة تحت العشب." *(9)*.

بعد هذا التحذير، يواصل القائم على الطقوس الصلاة التالية:

"أيها أجدادنا الذين ترون كل شيء ولا تعرفون شيئًا، لقد
سمعتم للتو اعتراف أطفالنا. لقد بذر العدو الفتنة في مجموعتنا. من
الذي استخدموه لفعل ذلك؟ لقد سمعتمونا جميعًا. على أي حال، حتى إن
كان أحدنا قد تورط في مثل هذا الفعل، أيها الآباء، فلا تضربوه بقسوة
شديدة، لأنه قد تصرف بدافع الإهمال. عندما كنتم بيننا، علمتمونا أن
الوحدة قوة، وأن العدو دائمًا يتغلب على اللعنات والسحر. لم ننسَ كل
هذا. أنتم الأقوياء، أنتم الذين تعيشون في الأرض الطيبة، لا تنسوا أن
العدو يراقب ويهددنا. فكونوا أنتم في المقدمة، وسنكون نحن خلفكم."
(10)

ثم تُضحى الدجاجة البيضاء، ويُرش دمها على المشاركين
كعلامة على التطهير. ويرمز تقاسم الكأس نفسها وحبة الكولا إلى تجديد
وحدتهم. وتُختتم المراسم بوجبة شكر، احتفاءً بالانسجام المستعاد داخل
السلالة.

7.3.2 التضحية للأجداد أثناء الجنازات

مع اقتراب موعد الجنازة، يجتمع أفراد الأسرة لتقديم تضحية للأجداد،
طلبًا لبركتهم وحمايتهم خلال المراسم. يؤكد المسؤول عن الطقوس، موجهًا
كلماته للأحياء والأجداد على حد سواء، على أهمية اتباع حكمة الأجداد لضمان
السلام والازدهار للأسرة. تُقدم الصلاة كنداء للوحدة، حيث يطلب المشاركون
من الأجداد طرد أي ضغينة أو حسد من قلوبهم.

"أيها الإخوة والأبناء الأعزاء، لا أحد منكم يجهل ما نحن مقبلون

على فعله قريبًا. وآمل أيضًا أنكم لم تنسوا المثل من أرضنا الذي يقول إن الأسرة التي لا تحب نفسها، والإخوة الذين لا يجتمعون لرؤية بعضهم البعض، هم كالحزمة التي أكلتها النمل الأبيض. لقد أخبرنا آباؤنا دائمًا أنه لبناء منزل جديد، يجب ألا ننسى أخذ المنزل القديم كنموذج. هذا يعني أنه إذا أردنا أن تعيش أسرنا في سلام، دون مواجهة مصائب مختلفة، فعلينا اتباع النصائح الحكيمة لأجدادنا. دعونا نطرد الكراهية من بيننا ونعمل بأيدينا، حتى لا نصبح، إن لم نجد ما نأكله، عبيدًا للغيرة التي تلد الكراهية." *(13)*

بعد الصلوات والتضحية، يمكن المضي قدمًا في تحضيرات الجنازة، حيث تطمئن الأسرة الآن أن لديهم دعم الأجداد.

7.3.3 بمناسبة ولادة طفل في الأسرة

تُحتفل بولادة الطفل بطقوس خاصة، حيث يتم سحق بضع بذور من نبتة Soop وتقاسمها بين الحاضرين. تُعتبر هذه البذور رمزًا للقوة والحماية، ويتم وضعها أولاً في فم المولود الجديد، مما يرمز إلى اندماجه في المجتمع. يقدم الأجداد، وهم ممتلئون بالفرح، دجاجة للأجداد كإشارة شكر على وصول الطفل بسلام.

"إله أجدادنا، لقد شاءت حكمتك أن تجعل العبد رجلًا حرًا. ومن خلال هذا الصوص الذي منحته لنا، تُظهر لنا مرة أخرى مدى محبتك لنا. وأنتم أيها الأجداد، احرسوهم: إذا نظر إليهم أحد بعين شريرة، فاجعلوه يصاب بالعمى. وإذا أراد أحد موتهم، فلتنشق الأرض تحت قدميه ولتجعله يعض التراب." *(15)*

تتوافق هذه الطقوس مع تأمل لويس ألتوسير: "الأيديولوجيا تمثل العلاقة الخيالية للأفراد مع ظروف وجودهم الحقيقية." تربط هذه الطقوس الأسر بأفعال ملموسة بينما تواصل ارتباطها بمُثل الأجداد. لا تحتفل هذه الطقوس فقط بالولادة، بل تستدعي أيضًا بركات الأجداد لمستقبل الطفل، لضمان أن يكون مثمرًا ومزدهرًا مثل الدجاجة المقدسة التي قُدمت تكريمًا له.

7.3.4 أثناء الزواج

الزواج هو اتحاد مقدس يمدد خط الأسرة ويخلد ذكرى الأجداد. تبدأ المراسم بالدعاء للأجداد، طلبًا لبركتهم على الزوجين. تُدهن العروس بالزيت والطين الأبيض kaolin، وهما رمزان للحلاوة والخصوبة، ويتم وضع bépwè حول عنقها لضمان أن تكون خصوبتها مثل النبات الذي صُنع منه.

"أيها الأب، ها هم أبناؤك؛ إنهم يتزوجون ليواصلوا خط الأسرة ويخلدوا ذكراك. لقد حاولنا دائمًا تنفيذ إرادتك، وأنت تعلم ذلك جيدًا. وإذا كنا قد أسأنا إليك أحيانًا، فقد كان ذلك بدافع الإهمال. اجعل هذه الفتاة خصبة كـالببوي* الذي نضعه حول عنقها. لتلد حتى ينضب رحمها. لتُنجب توأمًا قدر الإمكان: ولدًا وبنتًا في كل مرة". * (19)

يتبع ذلك البركة الأبوية، وهي لحظة تحمل أهمية عميقة، حيث ينقل الأب الحكمة والتوجيه لابنته، مذكرًا إياها بمسؤولياتها في حياتها الجديدة. تختتم الطقوس بفعل رمزي يتمثل في جمع أقدام الزوجين، حيث يقوم Ta-nkap برش الماء قائلاً: "اذهبا، لقد سمعكما أجدادنا. سيرا دائمًا على خطاهم."

7.3.5 بمناسبة رحلة عمل

قبل أن ينطلق أحد أفراد الأسرة في رحلة، يجتمع أفراد Ngyemba لتقديم الصلوات والبركات لضمان عودته بسلام. يقوم المسؤول عن الطقوس بوضع قليل من تراب مسقط الرأس على جبين المسافر، رمزًا لاتصاله الذي لا ينفصم بوطنه وحماية الأجداد. تضمن البركات المقدمة سلامة المسافر ونجاحه، مذكرين إياه بالرابطة التي تربطه بأسرته.

"اذهب بخير في طريقك يا بني! ليكن Si (الله) معك دائمًا! ليكن عينك، ليكن قدمك، ليكن يدك، ليكن فمك. لأنك لست وحدك؛ أنت صدري، أنت ظهري، أنت أذني. ليظل الثعبان على يسارك، في العشب! لا تدع

البومة تزعج لياليك ونومك! ليكن سم الأشرار سكرًا في فمك! ليمنحك سحلية النساء الشريرات القوة! لا تدع المياه الأجنبية توقفك، دعها تتيح لك العبور كالباوباب، بجذعه القوي وفروعه المتمايلة." (28)

تُختتم المراسم بذبح دجاجة، ويُرش دمها على المسافر كرمز للحماية. ثم تشارك الأسرة وجبة، احتفالًا بالروابط التي ستظل تجمعهم، مهما بعدت المسافات بين المسافر وأسرته.

7.3.6 خلال مصيبة كبيرة في الأسرة

عندما تحلّ المصائب، يؤمن أفراد Ngyemba بأنها علامة على عدم رضا الأجداد. يجتمع أفراد الأسرة لتقديم الصلوات والتضحيات لاسترضائهم، سعيًا لاستعادة السلام والوئام. يستمع المسؤول عن الطقوس إلى اعترافات المشاركين، ثم يضحي بدجاجة بيضاء ويرش دمها على الجمع كرمز للتطهير.

"أيها الآباء، لقد استمعتم إلى اعترافنا الآن. أنتم تعلمون جيدًا أننا لطالما أطعناكم. لم نأكل يومًا دون أن نعطيكم نصيبكم الشرعي. لطالما أطعمنا الطفل الغريب كما نطعم طفلنا. لم نبدأ شيئًا دون استشارتكم أولاً. إذن، من أين تأتي هذه المصيبة التي تغمرنا وتربكنا؟ أنتم، الذين لا يخفى عليكم شيء، أزيلوا أي لعنة عنا. اجعلونا غير مرئيين لأعدائنا." *(31)*

تُقدّم القرابين بعد ذلك قرب المذبح، ويواصل المسؤول عن الطقوس الصلاة:

"أنتم الذين تسكنون قرية الله، خذوا هذا الماء؛ اغسلوا أيديكم، واغسلوا أفواهكم به، لتأخذوا هذا الفستق، وهذا الزيت، وهذه الماعز التي جلبناها لـ إطعام أفواهكم؛ شاركوا هذه القرابين مع جميع أجدادنا، ولكن لا تعطوا شيئًا للرجل صاحب القلب الشرير. اطلبوا من الله من أجلنا السلام، والتفاهم الجيد، والازدهار، وكثرة الأولاد (ذكورًا وإناثًا). احمونا من كل فخاخ الأشرار، ووقونا من كل التأثيرات السيئة." *(33)*

هذه الصلوات، المصحوبة بالإيماءات المقدسة، ليست مجرد طقوس، بل هي تعبيرات قوية عن ارتباط عميق بين Ngyemba وأجدادهم والإلهي. من خلال هذه الأفعال، يسعون إلى استعادة التوازن بين العالمين المنظور وغير المنظور، لضمان استمرار حماية وإرشاد أجدادهم.

طقوس Ngyemba تجسد الأبدية الدورية للحياة، حيث توحد بين الأحياء والأجداد والمولودين في المستقبل. من خلال المواد المختارة بعناية، والصلوات الرمزية، والجغرافيا المقدسة، تحافظ الجماعة على إيقاعها الروحي وذاكرتها الجماعية. هذه الممارسات تؤكد ما قاله Mbembe:

"الاستعمار حول الجغرافيا إلى سلاح عنصري"، لكن من خلال الطقوس، يستعيد Ngyemba أماكنهم المقدسة وتقاليدهم الخالدة.

Achille Mbembe، المولود عام 1957 في الكاميرون، هو مؤرخ متميز ومنظّر سياسي ومفكر عام. يعمل أستاذًا باحثًا في التاريخ والسياسة في معهد Wits Institute for Social and Economic Research (WISER) في جامعة ويتواترسراند بجوهانسبرغ، جنوب أفريقيا. يشتهر Mbembe بتحليلاته العميقة للاستعمار وما بعد الاستعمار وديناميكيات السلطة والعنف. مفهومه البارز "سياسات الموت (necropolitics)" يستكشف الهياكل السلطوية التي تحدد من يمكنه العيش ومن يجب أن يموت، مقدّمًا رؤى نقدية حول السيادة والسيطرة الحكومية. "ما بعد الاستعمار مصطلح متناقض، لأن الاستعمار دائم الحضور."

غالبًا ما تُصور الدعاية الغربية الطقوس الأفريقية بأنها مفرطة في الاحتفالية أو غير عقلانية، غير مدركة أن مجتمعاتها نفسها تؤدي أفعالًا رمزية للغاية باستخدام أشياء مادية (مثل طقوس طيّ العلم أو وضع أكاليل الزهور). المواد والطقوس المستخدمة في تكريم الأجداد في أفريقيا (مثل القرابين والأشياء المقدسة) يمكن مقارنتها بالممارسات الغربية لإحياء الذكرى، مثل إشعال الشموع، وارتداء رموز محددة (مثل الزهور يوم الذكرى)، أو تخصيص لوحات وتماثيل. كلا الثقافتين تستخدمان مواد مادية وتؤديان طقوسًا رمزية لتكريم الموتى والحفاظ على الاتصال بإرثهم.

الفصل الثامن

الإيماءات الطقسية

الإيماءات الطقسية في تقاليد Ngyemba هي رموز قوية، حيث تحمل كل حركة وزن الحكمة الموروثة ومعانيها الروحية. لا تُؤدى هذه الإيماءات أبدًا بمعزل عن غيرها؛ فهي دائمًا مصحوبة بكلمات تُضفي عليها معنى، مما يحوّل الأفعال البسيطة إلى أعمال إيمان عميقة ووسيلة للتواصل مع الإلهي.

على سبيل المثال، عندما يستعد شاب للقيام برحلة، يؤدي والده طقسًا مقدسًا، حيث يصب الماء فوق جماجم الأجداد بينما يتلو الدعاء: "يا إله أجدادنا، كن أمامه ودعه خلفك!" هذا الفعل، على الرغم من بساطته، يفيض بالمعاني. فالماء، الذي يرمز إلى الحياة والنقاء، يتدفق فوق بقايا الأجداد، والكلمات التي تُنطق تتحول إلى نداء لطلب الإرشاد والحماية الإلهية خلال الرحلة.

8.1 الرقص

بالنسبة للأفارقة، يُعدّ الرقص تعبيرًا عميقًا عن الفرح والإيمان والوحدة المجتمعية. وفي تقاليد Ngyemba، يحمل الرقص أهمية دينية عميقة، ويتجلّى في شكلين مميزين: رقصات الفرح ورقصات اللعن.

رقصات الفرح هي احتفالات نابضة بالحياة، تُؤدى في مناسبات السعادة الكبرى، مثل اختتام الزواج أو ولادة طفل. بعد أن تتلقى العروس بركات شيوخها، تنفجر الجماعة في الرقص، حيث تعكس حركاتهم الامتنان والإجلال لله، الذي تُعدّ إرشاداته أساسية في جميع جوانب الحياة. وبالمثل، عندما يُولد طفل، يمتلئ المنزل بالفرح الذي يُعبّر عنه على الفور من خلال الأغاني والرقص.

"*A ti moo bo ghiak gha ko!* ماذا كنت ستمنحني بدون الطفل؟ *O tem?*
shui bo ghiak gha ko! ما الذي يمكن أن تقدمه ويكون أكثر قيمة؟ *Ndem lé?*
(إلى الله الذي كلّل عمله الإبداعي *o le o lephu ngi si o Alleluia*".

بالإنسان، الشرف والتسبيح.) *(1)*

هذه الرقصات ليست مجرد تسلية؛ بل هي أعمال عبادة، حيث تُعدّ كل خطوة وكل إيماءة صلاة شكر واحتفال بنعم الحياة.

على النقيض من ذلك، تأتي رقصات اللعن، وهي مظاهر جليلة ومكثّفة تُؤدى بنية استدعاء العقاب الإلهي على من أضرّ بالمجتمع. وتُخصّص هذه الرقصات للحظات الحزن أو الغضب العميق، مثلما يحدث عندما يرفض الجاني التائب الإصلاح رغم المحاولات المتكررة للمصالحة. خلال هذه الطقوس، يدقّ المشاركون أقدامهم بإيقاع منتظم، كما لو كانوا يسحقون الجاني تحت أقدامهم، مما يرمز إلى إزالته من أرض الأحياء ومحو وجوده من نظر الله. لا تُطلق هذه اللعنات بخفة؛ بل تأتي فقط بعد أن تفشل كل الجهود لإعادة الجاني إلى الجماعة، مما يُعبّر عن نداء المجتمع الأخير واليائس للعدالة.

8.2 إيماءات المصالحة: "Nzèhè Léswuè"

تُعدّ المصالحة في مجتمع Ngyemba عملية مقدسة تُميّزها إيماءات ترمز إلى التخلي عن الشر واستعادة الوئام. واحدة من هذه الإيماءات تشمل رميَ شيءٍ خلف الذات، فوق الكتفين، كدليل على نبذ الخطأ وبدء بداية جديدة.

خلال جلسة اعتراف علنية، حيث يجتمع المجتمع لمعالجة المظالم واستعادة السلام، يُطلب من كل مشارك أداء هذه الإيماءة. يأخذ المشارك قطعة من العشب أو غصنًا صغيرًا، يكسره إلى نصفين، ثم يرمي القطعتين خلفه قائلاً: "لا أعلم شيئًا، ولا أريد أن تكون لي علاقة بمثل هذا الأمر!" تُخصص هذه العبارة لأولئك الأبرياء، كإعلان أنهم بعيدون عن الذنب أو الخطأ الذي يتم مناقشته.

أما بالنسبة لأولئك الذين ارتكبوا أخطاء ويسعون للمغفرة، فيتم تلاوة صيغة مختلفة: "لن أفعل شيئًا كهذا مرة أخرى!" هذه العبارة ليست مجرد تعبير عن نية، بل هي عهد ملزم، يُقدَّم بحضور المجتمع والأسلاف، للتخلي عن السلوك السابق واعتماد مسار الاستقامة.

8.3 إيماءات الاحتجاج بالبراءة

إن لدى النغيمبا طريقتين مميزتين يستخدمان للاحتجاج ببراءتهما، كل منهما رمزية عميقة ومتعلقة بسلامة الفرد الشخصية.

a) Kua kip (خدش الإبهام)

خدش إبهام اليد هو إيماء يحمل وزناً كبيراً في تقليد النغيمبا، ويرمز إلى براءة الشخص الذي يقوم به. عندما يُتهم شخص ما بارتكاب خطأ، قد يخدش إبهام يده ويعلن:

"إذا نظرتُ نظرة خاطئة إلى طفل شخص آخر أو أسأتُ إليه، إذا أطْعمتُ أو زنيتُ مع زوجة شخص آخر، فلتسقط السماء عليَّ، ولتنغلق فمي، ولا أتكلم أبداً في حياتي."

هذا الإيماء ليس مجرد نفي بسيط، بل هو دعوة لحكم إلهي، يستدعي قوى الطبيعة لتشهد على صحة كلامه.

b) Kùà làm (خدش اللسان)

بالمثل، خدش اللسان بلطف أثناء النزاع يعبر عن البراءة عندما يكون من الصعب إثبات الحقيقة. قد يقول المتهم:

"إذا كنتُ أكذب في إعلان أنني لا أعلم شيئاً عما أُتهم به، فلتلتصق لساني بحلقي، ولا تخرج كلمة من فمي أبداً."

هذا الإيماء، مثل الإيماء السابق، هو فعل قوي من اللوم على الذات، حيث يستدعي الفرد قوى إلهية لتصدر الحكم، واثقًا في براءته.

8.4 إيماءات البركة والودّ

في ثقافات "نجييمبا" و"باميليك"، يعتبر اللعاب عنصرًا قويًا يُستخدم في مختلف الطقوس، ويُرمز به إلى الحماية والازدهار والودّ. سواء كان عند الولادة، أو خلال بركة الوالدين، أو عند إرسال فتاة صغيرة للزواج، فإن اللعاب يلعب دورًا حاسمًا في هذه الأفعال المقدسة.

عندما يُبصق على شخص أو شيء ما برفق، ينقل اللعاب معنيين مزدوجين. أولاً، يُعتبر رمزا للحماية، حيث يُشّع شخص أو شيء ما من قوى ضارة. على سبيل المثال، عندما يُوشك شخص على بدء رحلة، قد يبصق عليه عائلته، ويتمنون له السلامة والصحة في الطريق.

ثانيًا، يمثل اللعاب الخصوبة والازدهار. قد يُبصق على ماعز للبيع في السوق، كأمنية لزيادة وازدهار الحيوان. وبالمثل، وضع اللعاب على بطن فتاة صغيرة تدخل الزواج هو إشارتها للبركة بمثابة أمومة مثمرة وغنية.

في الأعمال، عندما يُعطي الأب المال لابنه، قد يرشّ اللعاب على المال، تعبيرا عن أمنية أن يزيد هذا المال ويحقق النجاح. الأطفال أيضًا يشاركون في هذه الطقوس؛ عندما يذهب والديهم إلى السوق، قد يبصقون برفق في أيديهم، قائلين "kou tok tchia" (قد يسير كل شيء بشكل جيد وسريع بالنسبة لك!). في يوم الامتحان المدرسي، قد يبصق أفراد الأسرة في أيديهم لتمني النجاح للطالب، مما يعبر عن البركة والود والأمل لتحقيق النجاح في جميع المساعي.

هذه الإيماءات، على الرغم من بساطتها، ذات مغزى عميق. كلما تم تنفيذها، يُستدعى الأسلاف كشهود، لضمان أن تُمنح البركات بموافقتهم. ليس الفعل نفسه الذي يحمل القوة، بل الكلمات والأهداف وراءه، التي تعطيه المعنى الحقيقي وتربط الفرد بالعالم الروحي.

إخْتِتَام

النسيج المعقد للثقافة النجييمبا يتغلغل بعمق مع خيوط عبادة الأجداد، وهو ممارسة لا تزال مركزية لهويتهم وحياتهم الروحية. الأجداد معظّمون كحماة دائمين، تأثيرهم يمتد إلى كل لحظة هامة من تجارب النجييمبا الشخصية والجماعية. هذه الطقوس، التي تُؤدى لتكريم الأجداد، تتجاوز كونها مجرد تقاليد - فهي شريان الحياة للمجتمع، المحافظة على اتصال حيوي مع الماضي. قطع هذا الاتصال سيكون بمثابة فقدان جزء أساسي مما يعنيه أن يكون نجييمبا.

تُعكس ممارسات النجييمبا الروحية أيضًا تعقيدات رؤيتهم للعالم. أحد أكثر الجوانب إثارة للاهتمام في هذا النظام الاعتقادي هو الارتباط الداخلي بين الحظ السيء والخطيئة. داخل المجتمع، تعتبر الأحداث مثل الفشل في المحاصيل أو بدء المرض في كثير من الأحيان نتيجة مباشرة لانتهاك قوانين الأجداد. يقدم هذا المنظور إطارًا واضحًا لفهم ومعالجة تحديات الحياة، ولكنه يساهم أيضًا في ثقافة يُلقى فيها اللوم بسرعة على الأفراد بسبب ظروف خارجة عن سيطرتهم.

تاريخ دلتا النيجر ومنطقة الكاميرون يوفران سياقًا حيويًا لفهم هذه المعتقدات. مرتفعات الكاميرون الخصبة، حيث يعيش النجييمبا، كانت لفترة طويلة مركزًا للتجارة وتبادل الثقافات. تأثر المنطقة بتجارة الرقيق، مما أثر بشكل كبير على الممارسات الاقتصادية والهياكل الاجتماعية للباMليك الذين يتشاركون الروابط الثقافية مع النجييمبا. هذه الديناميات التاريخية ما زالت تتردد حتى اليوم، مؤثرة في الطبقات الاجتماعية والفجوات الاقتصادية في الكاميرون.

الثورات التجارية والدينية التي اجتاحت غرب أفريقيا خلال الفترة الحديثة المبكرة أثرت أيضًا على النجييمبا والباMليك. أدخلت السلع التجارية الجديدة، وانتشار الإسلام والمسيحية، وظهور مراكز تجارية جديدة تغييرات كبيرة على أنشطتهم الاقتصادية، وهياكلهم الاجتماعية، وممارساتهم الدينية. قدرة الباMليك والنجييمبا على التكيف ودمج هذه التغييرات لعبت دورًا حاسمًا في بقاءهم وازدهارهم، مما ساهم في مكانة الكاميرون كواحدة من أكثر الدول تنوعًا في أفريقيا.

العصر الاستعماري أضاف طبقات إضافية من التعقيد إلى الحياة الروحية والفنية والفلسفية للباملیك والنجييمبا. حكم الاستعمار جلب ممارسات دينية جديدة، تعبيرات فنية، وأفكارًا، مما أجبر هذه المجتمعات على التنقل في عالم سريع التغير مع الحفاظ على هويتها الثقافية. على الرغم من هذه التحديات، حافظ الباملیك والنجييمبا على تراثهم الفني الغني ومعتقداتهم الروحية، مع تعديلها لتتناسب سياقات جديدة بينما يعارضون محو تقاليدهم. هذا الصمود شكّل المشهد الثقافي الحديث، مساهمًا في التراث المتنوع للكاميرون.

جغرافيًا، كان ساحل الكاميرون وغابون وضواحيها يلعبان دورًا حاسمًا في تشكيل النجييمبا والباملیك. التفاعلات مع المجتمعات الساحلية والتجار الأوروبيين أدخلت سلعًا جديدة وأفكارًا وتحديات، مما أثّر بدوره على الهياكل الاقتصادية والاجتماعية للمجتمعات الجبلية. هذه التبادلات تؤكد على أهمية فهم النجييمبا والباملیك في الإطار الأوسع للتاريخ الأفريقي.

مفاهيم الإثنية والقومية هي أيضًا مفتاح لفهم هوية الباملیك وحركاتهم السياسية. تشكيل الهويات الإثنية، المتأثرة بسياسات الاستعمار والقومية ما بعد الاستعمار، شكّلت إدراك الباملیك لذاتهم واستراتيجياتهم لتأكيد هويتهم في الدولة الحديثة. كانت الهوية الإثنية القوية والنشاط السياسي للباملیك قد لعبا أدوارًا هامة في حركة استقلال الكاميرون ولا يزالان يؤثران على المشهد السياسي للأمة.

في الختام، عبادة الأجداد بين النجييمبا ليست مجرد ممارسة دينية، بل جزءًا عميقًا من نسيجهم الثقافي والاجتماعي. توفر تفسيرا منسجما لتحديات الحياة بينما تتطلب أيضًا تأملا نقديًا في حدودها، خصوصًا في مواجهة الديناميات التاريخية والاجتماعية المتغيرة. دمج وجهات النظر التاريخية الأوسع، بما في ذلك تأثيرات التجارة، الاستعمار، والقومية الحديثة، يثري فهمنا للحياة الروحية والاجتماعية للنجييمبا. بينما يستمر النجييمبا والباملیك في التنقل في تعقيدات العالم الحديث، يفعلون ذلك بتقدير عميق لماضيهم، ويحتضنون التقليد والفهم الجديد لبناء مستقبل أكثر شمولية ورحمة.

www.ingramcontent.com/pod-product-compliance
Lightning Source LLC
Chambersburg PA
CBHW051536120626
46551CB00012B/1252
9798992114034